基礎漢文教材 4

懸吐完譯

童蒙先習·擊蒙要訣

譯註 成百曉　語法 鄭愚相·安載澈

童　蒙　先　習
擊　蒙　要　訣
童蒙先習讀本
擊蒙要訣讀本

傳統文化研究會

成百曉

忠南 禮山 出生
家庭에서 父親 月山公으로부터 漢文 修學
月谷 黃璟淵, 瑞巖 金熙鎭 先生 師事
民族文化推進會 國譯硏修院 修了
高麗大學校 教育大學院 漢文教育科 修了
한국고전번역원 부설 고전번역교육원 名譽漢學教授(前)
傳統文化硏究會 副會長(前)
해동경사연구소 소장(現)
古典國譯賞 受賞

詩經集傳, 書經集傳, 周易傳義,
古文眞寶, 牛溪集 등 수십 종 國譯
宣祖實錄, 宋子大全, 茶山集, 退溪集 등 共譯

鄭愚相

李斗淳, 辛鎬烈, 李鍾述 先生 師事
서울大學校 師範大學 졸업
延世大學校 教育大學院 碩士
建國大學校 大學院에서
〈漢文前置介詞의 構造硏究〉로 文學博士
서울教育大學校 名譽教授

韓國語學新講, 國語學槪論
精選大學漢文, 漢文文型新講(共著)
中高漢文教科書, 漢文構造文法硏究

安載澈

서울教育大學校 졸업
國際大學校 國語國文學科 졸업
檀國大學校 大學院 漢文學科 碩士
臺灣國立師範大學 國文硏究所에서
〈三國史記虛詞硏究〉로 文學博士
檀國大學校 漢文教育科 教授

中高漢文教科書, 漢語動賓構造硏究
孝經語法硏究, 三國史記虛詞硏究

基礎漢文教材를 내면서

우리 전통문화연구회에서는 漢字의 文字體系로 이루어진 東洋古典의 우리말 번역에 착안하고 斯界의 실력자들로 번역진을 구성, 공부하는 사람들의 머리맡에 사전처럼 두고 볼 수 있는 번역서의 간행을 기획하여 이미 ≪論語集註≫, ≪孟子集註≫, ≪大學·中庸集註≫ 등을 세상에 내어놓은 바가 있다.

斯界의 重鎭인 成百曉씨가 心血을 기울여 懸吐完譯한 이 3권으로 된 四書集註의 우리말 번역은 東洋學의 전문학도들은 말할 것도 없고 일반 敎養人들 사이에서도 好評을 받아 지금도 여러 곳에서 東洋哲學入門書로, 또는 漢文敎材로 사용되고 있다.

그런데 四書集註의 普及과 함께 漢文 공부를 위한, 특히 初學 단계에서의 自習을 위한 基礎漢文敎材를 찾는 소리가 높아지고 있어 우리 전통문화연구회에서는 初學者를 위한 漢文敎材의 개발에도 관심을 갖게 되었다.

漢文도 우리 조상들이 한글과 함께 아니 한글보다도 더 오래 사용해온 우리글, 우리 문화, 우리말의 일부임을 자각하여 우리말의 語源과 우리 민족문화의 올바른 파악과 계승을 위해 漢文 공부를 반드시 해야겠다는 생각을 갖는 사람이 漸增하는 가운데 初學者用 漢文敎材 再構成의 필요성은 절실해졌다.

≪註解 千字文≫, ≪四字小學≫, ≪推句·啓蒙篇≫, ≪童蒙先習·擊蒙要訣≫, ≪明心寶鑑≫ 등을 基礎漢文敎材 시리즈로 計劃하였다. 編輯은 본문에 懸吐하고, 原義에 充實하게 飜譯하였으며, 註를 달고 學習者의 便宜를 위하여 字義를 붙였고, 특히 기초적인 語法을 添附하여 漢文學習의 효율을 提高하는 체재로 간행하고자 하는바 이번 시리즈의 번역은 本會 成百曉 理事가, 본서의 語法은 鄭愚相교수와 安載澈교수가 맡아 주었다. 틀리지 않게 안심하고 공부할 수 있는 좋은 참고서가 될 것임을 확신하면서 아울러 많은 격려와 忠告의 苦言을 기대하는 바이다.

1998년 1월

社團法人 傳統文化硏究會 會長 李啓晃

이 책에 대하여

이 책은 우리나라 先賢에 의하여 지어진 ≪童蒙先習≫과 ≪擊蒙要訣≫을 합본하여 알기 쉽게 풀이한 것이다.

이들 두 책은 ≪千字文≫, ≪四字小學≫, ≪推句≫, ≪啓蒙篇≫과 함께 初學者들이 가장 먼저 學習하는 基礎漢文敎材이다.

≪童蒙先習≫은 成宗~明宗 때의 學者인 逍遙堂 朴世茂(1487~1564)가 지은 것이다. 물론 立巖 閔齊仁이 지었다는 尹仁恕의 跋文本이 있으며 이 밖에도 慕齋 金安國說, 也足堂 魚叔權說이 있는 것이 사실이다. 하지면 逍遙堂은 立巖·慕齋와 交分이 두터웠던 만큼 本書의 編纂에 意見의 相互交換이나 修正加筆이 없지 않았을 것이므로 이러한 말이 流傳한 것으로 보이며, 특히 立巖은 尹仁恕의 跋文으로 보아 編著에 함께 참여하지 않았나 추측된다. 그러나 ≪中宗實錄≫ 卷103 中宗 39년 5월 丙寅條의 '史臣曰 世茂……嘗著童蒙先習一書 刊行于世'와 蘇齋 盧守愼이 撰한 〈逍遙堂墓碣銘〉에 '嘗著童蒙先習 以敎子弟 遂刊行于世'라 한 내용 및 本書의 〈御製序文〉과 尤庵 宋時烈의 〈跋文〉을 볼 때, 逍遙堂이 主著者이고 또 朴氏家門에서 오랫동안 敎習해왔던 것으로 추측된다. 한편 魚叔權은 직접 編著한 것이 아니라 뒤에 口訣을 달았다는 說이 近理한 것으로 생각된다.

내용을 살펴보면 먼저 序論에 人間이 禽獸와 다른 점은 五倫이 있기 때문임을 밝히고 차례로 五倫의 道理를 소개한 다음 總論을 붙였으며, 뒤에는 中國과 우리나라의 歷史를 略述하였다. 다만 史實을 서술하는 과정에서 明나라를 너무 높여 事大思想을 짙게 풍기는 것이 흠이나, 이는 당시 思潮上 어쩔 수 없었던 한계점으로 이해하여야 할 것이다. 또한 高麗의 歷史를 서술함에 있어 高麗 太祖를 王建, 恭讓王을 王瑤라 직접 표기하여 格下하였는바, 이것이 문제가 되어 後刊本에는 王建을 麗祖, 王瑤를 恭讓으로 고쳤다. 이 책에서는 原本은 그대로 影印하여 싣되 譯本은 後刊本을 따랐음을 밝혀둔다.

≪童蒙先習≫이 著述된 이후로는 다소라도 文字를 아는 자이면 이 책을 읽지 않은 사람이 없을 만큼 널리 익혀졌는데, 顯宗 이후에는 王世子의 교육에도 필독서로 常

例化하였으며 英祖는 本書에 보이는 바와 같이 御製序文을 붙이기까지 하였다. 특히 이 ≪童蒙先習≫은 어린이 교육을 위한 우리나라 最初의 敎科書였다는 점에서 귀중한 가치가 있다 하겠다.

≪擊蒙要訣≫은 宣祖 10년(1577) 栗谷 李珥先生이 海州 石潭에서 講學하면서 弟子들을 敎誨하기 위해 지은 것이다.

내용을 살펴보면 배우는 자들은 반드시 聖賢의 되겠다는 意志를 세워야 한다는 立志章, 나쁜 습관을 버려야 한다는 革舊習章, 올바른 몸가짐을 강조한 持身章, 독서하는 방법인 讀書章이 앞에 있어 배우는 자의 기본방향을 제시하였으며, 다음에는 인간이 지켜야 할 道理와 禮節로, 父母를 섬기는 도리의 事親章, 喪禮를 논한 喪制章, 祭禮를 논한 祭禮章, 집안을 다스리는 요령인 居家章, 사람을 대하는 도리인 接人章, 處世의 원칙인 處世章 등 모두 10章으로 이루어져 있다. 원래에는 祭禮의 부연설명인 祭儀鈔를 뒤에 붙였으나 本書에서는 本文만을 실었다.

栗谷은 退溪와 함께 우리나라 儒學界의 대표인물이다. 율곡은 49세로 일찍 세상을 떠났음에도 불구하고 많은 著書를 남겼는데, 그 중에도 ≪聖學輯要≫와 ≪擊蒙要訣≫이 가장 알려져 있다. 이 때문에 ≪擊蒙要訣≫은 ≪小學≫, ≪大學≫ 등 五書로 들어가는 단계의 基本敎養書로 인식되었으며, 특히 性理學派에서는 必讀書로 여겨져 왔다.

옛날의 漢文敎材가 대부분 中國에서 지어진 것에 반하여 이들 두 책은 모두 우리 先賢의 著書이고 내용 또한 充實하여 基礎漢文敎材로는 어느 책에 비하여도 손색이 없음은 참으로 우리의 자랑이 아닐 수 없다.

本書가 널리 익혀짐으로써 인간의 道德性 回復과 함께 基礎交讓漢文의 實力을 쌓고 더 나아가 傳統文化의 繼承發展에 큰 보탬이 있을 것을 기대해 마지않는다.

西曆 一九九二年 歲在 壬申 孟夏에 後學 成百曉는 洌上에 觀一軒에서 쓰다.

凡　例

1 本書는 基礎漢文教材의 한 책이다.

2 本書는 ≪童蒙先習≫(春坊藏板 己卯新刊)과 ≪擊蒙要訣≫(延世大學校 中央圖書館 所藏本 栗谷集)을 國譯合本하였다.

3 原文聲讀을 위하여 讀本을 첨부하였다. ≪童蒙先習≫은 口訣本을, ≪擊蒙要訣≫은 譯者가 口訣을 달아 첨부하였다.

4 原文 이해의 도움을 위하여 譯者가 懸吐하였다.

5 飜譯은 原義에 충실하게 하여 학습에 도움이 되게 하였다.

6 譯註는 중요한 出典이나 難解語에만 하였고, 독자의 편의를 위하여 字義를 下段에 실었다.

7 漢文讀解에 필요한 기본적인 語法을 附記하였다.

8 本書의 使用符號는 다음과 같다.

〈　〉: 보충역, 편명

(　) : 간주 및 동음한자

≪ ≫ : 서명

〔　〕: 참고원어

,　: 원문에서는 同格 羅列

目 次

童蒙先習

譯註 成 百 曉
語法 鄭 愚 相

童蒙先習

天地之間萬物之衆에 惟人이 最貴하니 所貴乎人者는 以其有五倫也라

하늘과 땅 사이에 있는 만물의 무리에 오직 사람이 가장 귀하니, 사람을 귀하게 여기는 까닭은 다섯 가지 인륜〔五倫〕이 있기 때문이다.

어법

설명의 편의를 위하여 다음과 같은 약호와 기호를 쓰니 꼭 기억하여 주기 바란다.

약호 S=주어 P=서술어 O=목적어 C=보어
D=관형어 A=부사어 I=독립어

기호 └→ : □ □(수식관계)

‖ : □ ‖ □(주술관계)

| : □ | □(술목관계)

/ : □ / □(술보관계)

※ □ ‖ □ | □ / □(S ‖ P | O / C)

▣ 天地之間: 하늘과 땅 사이, 萬物之衆: 만물의 무리

▣ 〔以~也〕: ~ 때문이다.

→ 以其有五倫也: 그것은 오륜이 있기 때문이다.

童: 아이 동 蒙: 어릴 몽 先: 먼저 선 習: 익힐 습 衆: 무리 중 惟: 오직 유
最: 가장 최 乎: 어조사 호 倫: 인륜 륜

是故로 **孟子曰 父子有親**하며 **君臣有義**하며 **夫婦有別**하며 **長幼有序**하며 **朋友有信**이라하시니 **人而不知有五常**이면 **則其違禽獸不遠矣**리라

그러므로 맹자께서 말씀하시기를 "아버지(부모)와 자식 간에는 친함이 있으며, 임금과 신하 간에는 의리가 있으며, 남편과 아내 간에는 분별이 있으며, 어른과 어린이 간에는 차례가 있으며, 친구 간에는 신信(성실함)이 있다." 하셨으니, 사람으로서 이 다섯 가지 떳떳한 도리〔五常〕가 있음을 알지 못하면 그 날짐승 길짐승과 거리가 멀지 않을 것이다.

어법

▣ 父子 ∥ 有 / 親(SPC) : 아버지와 자식 간에는 친함이 있다.

→ '君臣有義, 夫婦有別, 長幼有序, 朋友有信'도 같은 문법체계로 이루어져 있다.

然則父慈子孝하며 **君義臣忠**하며 **夫和婦順**하며 **兄友弟恭**하며 **朋友輔仁然後**에야 **方可謂之人矣**리라

그러한즉 아버지는 사랑하고 자식은 효도하며, 임금은 의롭고 신하는 충성하며, 남편은 화하고 아내는 순하며, 형은 우애하고 아우는 공손하며, 친구 간에는 인仁을 도와준 뒤에야 바야흐로 사람이라 말할 수 있을 것이다.

어법

▣ 父 ∥ 慈, 子 ∥ 孝 (SP, SP) : 아버지는 사랑하고 아들은 효도한다.

→ '君義, 臣忠, 夫和, 婦順, 兄友, 弟恭'도 같은 구조를 이루고 있다.

故 : 연고 **고**　孟 : 맏 **맹**　親 : 친할 **친**　夫 : 지아비 **부**　婦 : 지어미 **부**　別 : 분별 **별**
長 : 어른 **장**　幼 : 어릴 **유**　序 : 차례 **서**　朋 : 벗 **붕**　友 : 벗 **우** / 우애하다　常 : 떳떳할 **상**
違 : 거리 **위**　禽 : 새 **금**　獸 : 짐승 **수**　遠 : 멀 **원**　矣 : 어조사 **의**　則 : 곧 **즉**　慈 : 사랑 **자**
順 : 순할 **순**　弟 : 아우 **제**　恭 : 공손할 **공**　輔 : 도울 **보**　方 : 바야흐로 **방**; 법

■ 方 可謂 | 之 / 人矣 (APOC): 바야흐로 그를 사람이라 말할 수 있다.

→ 〔之〕: '그를', 대명사로서 목적어의 구실을 하고 있다.

→ 〔矣〕: '~이다'의 뜻을 나타내는 어기사語氣辭

父子有親 | 아버지와 자식 간에는 친함이 있어야 한다

父子는 **天性之親**이라 **生而育之**하고 **愛而敎之**하며 **奉而承之**하고 **孝而養之**하나니 **是故**로 **敎之以義方**하여 **弗納於邪**하며 **柔聲以諫**하여 **不使得罪於鄕黨州閭**[1]하나니

1 鄕黨州閭 : 모두 행정 단위로 12,500호戶를 향鄕, 2,500호를 주州, 500호를 당黨, 25호를 여閭라 한다.

아버지와 자식은 타고난 천성이 친한 것이다. 〈아버지는 자식을〉 낳아서 기르고 사랑하여 가르치며, 〈자식은 아버지를〉 받들어 잇고 효도하여 봉양한다. 그러므로 아버지는 자식을 옳은 방법으로써 가르쳐 사악함에 들어가지 않도록 해야 하며, 자식은 부드러운 목소리로 〈부모의 잘못을〉 간하여 향당과 주려州閭에서 죄를 얻지 않도록 해야 한다.

어법

■ 生而 育 | 之(APO): 낳아서 그를 기르다.

→ '愛而敎之, 奉而承之, 孝而養之'도 똑같은 문법체계로, '而'는 접속의 구실을 하고 있으며 '之'는 아들이나 아버지를 가리키는 대명사로서 목적어의 구실을 하고 있다.

育 : 기를 **육**　奉 : 받들 **봉**　承 : 받들 **승**　養 : 봉양할 **양**　弗 : 아니 **불**　納 : 들일 **납**
邪 : 간사할 **사**　柔 : 부드러울 **유**　聲 : 소리 **성**　諫 : 간할 **간**　使 : 하여금 **사**　鄕 : 시골 **향**
黨 : 무리 **당**　州 : 고을 **주**　閭 : 마을 **려**

▣ 〔以〕: ~으로써, ~을 가지고
以義方: 옳은 방법으로써, 柔聲以: 부드러운 소리로써
→ '以+명사류'가 원칙이나 '以'가 명사류 뒤에 와서 '명사류+以'의 도치 구조를 이룰 때도 있다. 이런 경우에는 명사의 뜻을 강조하게 된다. 그러므로 '柔聲以'는 부드러운 소리〔柔聲〕를 강조한 것이다.

▣ 〔於〕: ~에, ~에서
於邪: 사악함에, 於鄕黨州閭: 향당과 주려에서

苟或父而不子其子하며 子而不父其父하면 其何以立於世乎리오 雖然이나 天下에 無不是底父母라 父雖不慈나 子不可以不孝니

만일 혹시라도 아버지로서 그 자식을 자식으로 여기지 않으며, 자식으로서 그 아버지를 아버지로 여기지 않는다면 그 어찌 세상에 서서 살 수 있겠는가? 비록 그러하나 천하에 옳지 않은 부모는 없다. 그러므로 아버지가 비록 자식을 사랑하지 않더라도 자식은 효도하지 않으면 안 되는 것이다.

어법

▣ 〔苟〕: 만일 ~한다면
苟或父而不子其子: 만일 혹시라도 아버지로서 그 자식을 자식으로 여기지 않는다면
→ 父而 ‖ 不子 | 其 子: 아버지가(아버지로서) 그 자식을 자식으로 여기지 않다.

▣ 〔何以~乎〕: 어찌 ~하겠는가?
→ 其何以立於世乎: 그 어찌 세상에 설 수 있겠는가?

▣ 〔底〕: ~한, ~하는 ~의. 不是底父母: 옳지 않은 부모.

▣ 〔雖〕: 비록 ~하더라도
→ 父雖不慈 子不可以不孝: 아버지가 비록 자식을 사랑하지 않더라도 자식은 효도를 하지 않으면 안 되는 것이다.

苟: 만일 **구** 或: 혹 **혹** 何: 어찌 **하** 於: 늘 **어** 雖: 비록 **수** 底: 밑 **저**; 어조사

昔者에 **大舜**이 **父頑母嚚**하여 **嘗欲殺舜**이어늘 **舜**이 **克諧以孝**하사 **烝烝乂**하여 **不格姦**[2]하시니 **孝子之道**가 **於斯至矣**로다 **孔子曰 五刑之屬**이 **三千**이로되 **而罪莫大於不孝**라하시니라

2 烝烝乂 不格姦 : '증증烝烝'은 꾸준히 노력하여 나아가는 것이며 '예乂'는 다스림의 뜻으로, 그치지 않고 꾸준히 노력하여 부모를 설득하여 죄악에 빠지지 않게 함을 이른다. '격格'은 이른다는 뜻이다.

옛날 대순大舜이 아버지는 완악하고 어머니는 모질어 일찍이 순舜을 죽이고자 하였으나, 순은 능히 효도로써 화합하여 점점 〈부모의 잘못을〉 다스려 간악한 데 이르지 않게 하셨으니, 효자의 도道가 이에 지극하였도다. 공자께서 말씀하시기를 "오형五刑의 종류가 3천 조항인데 죄가 불효보다 더 큰 것이 없다." 하셨다.

어법

▣ 父 ‖ 頑, 母 ‖ 嚚(SP, SP) : 아버지는 완악하고 어머니는 모질다.

▣ 嘗欲殺 | 舜(APO) : 일찍이 순을 죽이고자 했다.

殺 | 舜(PO) : 순을 죽이다.

欲殺 | 舜(PO) : 순을 죽이고자 하다. 欲(조동사) : ~하고자 하다.

▣ 嘗欲殺 | 舜(APO) : 일찍이 순을 죽이고자 했다.

▣ 舜 ‖ 克諧 / 以孝(SAPC) : 순은 능히 효로써 화합하다.

▣ 孝子之道 ‖ 於斯至矣(DSAP) : 효자의 도가 이에 지극하였다.

▣ 罪 ‖ 莫大 / 於不孝(SPC) : 죄는 불효보다 더 큰 것이 없다.

〔형+於□〕 : 전치사 '於'가 형용사를 서술어로 취할 때는 '~보다 더'라는 비교의 뜻을 나타낸다. '莫大(형)+於不孝'의 '於不孝'는 '불효보다 더'로 풀이된다.

昔 : 옛 **석** 舜 : 순임금 **순** 頑 : 완악할 **완** 嚚 : 어리석을 **은** 嘗 : 일찍 **상** 欲 : 하고자할 **욕**
殺 : 죽일 **살** 克 : 능할 **극** 諧 : 화할 **해** 烝 : 나아갈 **증** 乂 : 다스릴 **예** 格 : 이를 **격**
姦 : 간사할 **간** 斯 : 이 **사** 至 : 지극할 **지** 屬 : 붙일 **속** 罪 : 허물 **죄** 莫 : 없을 **막**

君臣有義 | 임금과 신하 간에는 의리가 있어야 한다

君臣은 天地之分이라 尊且貴焉하며 卑且賤焉하니 尊貴之使卑賤과 卑賤之事尊貴는 天地之常經이며 古今之通義라

임금과 신하는 하늘과 땅 같은 분별이다. 〈임금은〉 높고 또 귀하며 〈신하는〉 낮고 또 천하니, 높고 귀한 임금이 낮고 천한 신하를 부리는 것과, 낮고 천한 신하가 높고 귀한 임금을 섬기는 것은 하늘과 땅의 떳떳한 법칙이며 옛날과 지금에 공통되는 의리이다.

어법

▣ 君臣 ‖ 天地之分 (SDP) : 임금과 신하는 하늘과 땅과 같은 분별이다.

〔之〕의 쓰임

→ □之 □ : ~하는, ~의(와 같은)

① 天地之分 : 天地와 같은 分別, 天地之常經 : 天地의 떳떳한 法則

② 古今之通義 : 고금에 공통되는 의리

→ □之 ‖ □ : ~이 ~하다.

③ 尊貴之 ‖ 使 | 卑賤 : 존귀한 임금이 비천한 신하를 부리다.

④ 卑賤之 ‖ 事 | 尊貴 : 비천한 신하가 존귀한 임금을 섬기다.

是故로 君者는 體元而發號施令者也요 臣者는 調

分 : 분별할 분　尊 : 높을 존　且 : 또 차　卑 : 낮을 비　賤 : 천할 천　使 : 하여금 사 ; 부리다
事 : 섬길 사　經 : 벼리 경　體 : 본받을 체, 몸 체　元 : 으뜸 원　號 : 호령할 호　施 : 베풀 시
令 : 명령할 령　調 : 고를 조　陳 : 베풀 진　閉 : 닫을 폐　遇 : 만날 우

元而陳善閉邪者也라 **會遇之際**에 **各盡其道**하여 **同寅協恭**하여 **以臻至治**하나니

그러므로 임금은 원元(하늘의 이치)을 몸받아 호령을 발하고 명령을 내리는 자요, 신하는 원元을 조화시켜 착한 일을 말하고 사악함을 막는 자이다. 임금과 신하가 모이고 만날 때에 각기 그 도리를 다하여, 함께 공경하고 화합하여 공손히 해서 지극한 정치에 이르는 것이다.

어법

▣ 〔而〕: ~해서
→ 體元而: 원을 몸받아서, 調元而: 원을 조화시켜서

▣ 〔也〕: ~이다. ~者也: ~자이다.

▣ 會遇之際: 모이고 만날 때 各盡 | 其道(APDO): 각각 그 도를 다하다.

苟或君而不能盡君道하며 **臣而不能修臣職**이면 **不可與共治天下國家也**니라 **雖然**이나 **吾君不能**을 **謂之賊**이니

만일 혹시라도 임금으로서 임금의 도리를 다하지 못하며, 신하로서 신하의 직책을 닦지 못한다면, 더불어 함께 천하와 국가를 다스리지 못할 것이다. 비록 그러하나 우리 임금은 능하지 못하다 함을 적賊이라고 이르니,

어법

▣ 君而 ‖ 不能盡 | 君道(SPDO): 임금이(임금으로서) 임금의 도리를 다하지 못하다.
君 ‖ 盡 | 道(SPO): 임금이 도를 다하다.(긍정형)
君 ‖ 不能盡 | 道(SPO): 임금이 도를 다하지 못하다.(부정형)
君而 ‖ 不能盡 | 君道(SPDO): 임금이 임금의 도리를 다하지 못하다.

際: 즈음 **제** 盡: 다할 **진** 寅: 공경할 **인** 協: 화할 **협** 臻: 이를 **진** 修: 닦을 **수**
職: 직분 **직** 與: 더불 **여** 共: 한가지 **공** 賊: 해칠 **적**

▣ 雖然 : 비록 그러하나(역접)

▣ 吾君 ‖ 不能, 謂 | 之 / 賊(DSP, OPC) : 우리 임금은 능하지 못하다 함을 적이 라고 이르는 것이다.

→ 〔之〕는 '吾君不能'을 이어받은 대명사로 목적어의 구실을 한다.

昔者에 商紂暴虐이어늘 比干이 諫而死하니 忠臣之節이 於斯盡矣로다 孔子曰 臣事君以忠이라하시니라

옛날에 상나라 주왕紂王이 모질고 사나웠는데, 비간比干이 간하다가 죽었으니, 충신의 절개가 이에 다하였도다. 공자께서 말씀하시기를 "신하가 임금을 섬기기를 충성으로써 해야 한다." 하셨다.

어법

▣ 忠臣之節 ‖ 於斯盡矣(DSAP) : 충신의 절개가 이에 다하다.

▣ 臣 ‖ 事 | 君 / 以忠(SPOC) : 신하가 임금을 충성으로써 섬기다.

▣ 〔以〕 : ~으로써, ~을 가지고

→ 以忠 : 충성으로써

夫婦有別 | 남편과 아내 간에는 분별이 있어야 한다

夫婦는 二姓之合이라 生民之始며 萬福之原이니 行媒議婚하며 納幣親迎者는 厚其別也라 是故로

商 : 상나라 **상** 紂 : 주임금 **주** 暴 : 사나울 **포** 虐 : 사나울 **학** 干 : 방패 **간** 諫 : 간할 **간**
節 : 절개 **절** 原 : 근원 **원** 媒 : 중매 **매** 議 : 의논할 **의** 婚 : 혼인할 **혼** 納 : 들일 **납**
幣 : 폐백 **폐** 迎 : 맞을 **영** 厚 : 두터울 **후**

娶妻하되 **不娶同姓**하며 **爲宮室**하되 **辨內外**하여 **男子**는 **居外而不言內**하고 **婦人**은 **居內而不言外**하나니

남편과 아내는 두 성姓이 합한 것이다. 백성의 시초이며 모든 복의 근원이니, 중매를 행하여 혼인을 의논하며 폐백을 들이고 친히 맞이하는 것은 그 분별을 두텁게 하는 것이다. 그러므로 아내를 취하되 같은 성을 취하지 않으며, 집을 짓되 안과 밖을 분별하여 남자는 밖에 거처하여 안의 일을 말하지 않고, 부인은 안에 거처하여 밖의 일을 말하지 않는다.

어법

▣ 男子(S) ‖ 居(P) / 外(C) 而 不言(P) | 內(O) : 남자는 밖에 거처하여 안의 일을 말하지 않다.

▣ 婦人(S) ‖ 居(P) / 內(C) 而 不言(P) | 外(O) : 부인은 안에 거처하여 밖의 일을 말하지 않다.

苟能莊以涖之하여 **以體乾健之道**하고 **柔以正之**하여 **以承坤順之義**면 **則家道正矣**어니와 **反是而夫不能專制**하여 **御之不以其道**하고 **婦乘其夫**하여 **事之不以其義**하여 **昧三從之道**[3]하고 **有七去之惡**[4]이면 **則家道索**(삭)**矣**리라

娶:장가들 **취** 妻:처 **처** 辨:분변 **변** 莊:씩씩할 **장** 涖:임할 **리** 體:본받을 **체**
乾:하늘 **건** 健:굳셀 **건** 坤:땅 **곤** 專:오로지 **전** 制:제어할 **제** 御:어거할 **어**
乘:탈 **승** 昧:어두울 **매** 從:좇을 **종** 去:버릴 **거** 索:다할 **삭** ;쓸쓸하다

3 三從之道 : 여인이 지켜야 할 세 가지 도리. 곧 친정에 있을 때에는 아버지를 따르고, 시집가서는 남편을 따르고, 남편이 죽으면 아들을 따름을 이른다.

4 七去之惡 : 부인이 남편에게 쫓겨날 수 있는 일곱 가지 행실. 곧 부모에게 불손하거나, 자식을 낳지 못하거나, 음행淫行이 있거나, 질투가 심하거나, 나쁜 질병이 있거나, 너무 말이 많거나, 도벽盜癖이 있는 것을 이른다.

만일 〈남편은〉 씩씩함으로써 대하여 하늘의 굳건한 도道를 몸받고, 〈아내는〉 부드러움으로써 바로잡아 땅의 순한 의義를 받든다면 가도家道가 올바르게 될 것이다. 이에 반하여 남편이 아내를 마음대로 제어하지 못하여 어거하기를 도리로써 하지 못하고, 아내가 남편을 올라타 섬기기를 의리로써 하지 못하여, 삼종三從의 도리를 알지 못하고, 칠거七去의 악행이 있으면, 가도家道가 비색否塞해질 것이다.

어법

▣ 柔以正之, 以(之)承坤順之義(APO, APDO) : 부드러움으로써 그(남편)를 바로잡아 그것으로써 땅의 순종하는 의리를 받든다.

→ '柔以'는 '以柔'로 되어야 할 것을 부드러움[柔]을 강조하기 위해 '柔以'라 한 것이다.

→ '以承'은 '以之承'의 '之'가 생략된 것이다. 이때의 '之'는 앞의 '柔以正之'를 이어받는 대명사 구실을 한다.

▣ [~則] : ~하면

須是夫敬其身하여 以帥其婦하고 婦敬其身하여 以承其夫하여 內外和順이라야 父母其安樂之矣시리라

모름지기 남편은 자기 몸을 공경하여 그 아내를 잘 거느리고, 아내는 자기 몸을 공경하여 그 남편을 받들어서 내외가 화하고 순하여야 부모가 안락하실 것이다.

어법

▣ 夫 ‖ 敬 | 其身, 以(之)帥 | 其婦 (SPDO, APDO) : 남편은 그〈자기 자신의〉 몸

須 : 모름지기 **수**　敬 : 공경할 **경**　帥 : 거느릴 **솔**, 장수 **수**

을 공경하여, 이것으로써(자신의 몸을 공경하는 것으로써) 그 아내를 잘 거느리다.

→ '婦敬其身, 以承其夫'도 똑같은 문법체계이다.

昔者에 **郤缺**이 **耨**어늘 **其妻饁之**하되 **敬**하여 **相待如賓**하니 **夫婦之道**가 **當如是也**니라 **子思曰 君子之道 造端乎夫婦**라하시니라

옛날에 극결郤缺이 밭에서 김을 매자 그 아내가 점심밥을 내왔는데, 공경하여 서로 대하기를 손님처럼 하였으니, 부부 간의 도리가 마땅히 이와 같아야 한다. 자사子思께서 말씀하시기를 "군자의 도는 시작이 부부에서 비롯된다." 하셨다.

어법

▣ 夫婦之道 ‖ 當如 / 是也(DSAPC) : 夫婦의 道理는 마땅히 이와 같아야 한다.

▣ 君子之道 ‖ 造端 / 乎夫婦(DSPC) : 군자의 도리는 부부에서 비롯된다.

→ 造端(조단) : 비롯되다, 시초하다, 發端, 發始

→ 〔之〕: ~의　〔也〕: ~이다　〔乎〕: ~에서

長幼有序 | 어른과 어린아이 간에는 차례가 있어야 한다

長幼는 **天倫之序**라 **兄之所以爲兄**과 **弟之所以爲弟 長幼之道 所自出也**라 **蓋宗族鄉黨**에 **皆有長幼**하니 **不可紊也**라

郤 : 성 극　缺 : 이지러질 결　耨 : 김맬 누　饁 : 밥먹일 엽　敬 : 공경할 경　待 : 대접할 대
賓 : 손 빈　造 : 지을 조　端 : 끝 단　爲 : 될 위　自 : 부터 자　蓋 : 덮을 개 ; 어조사　族 : 겨레 족
黨 : 무리 당　皆 : 모두 개　紊 : 문란할 문

어른과 어린이는 천륜天倫의 차례이다. 형이 형되는 까닭과 아우가 아우되는 까닭이 어른과 어린이의 도가 비롯되어 나오는 것이다. 종족(집안)과 향당(지방)에는 모두 어른과 어린이가 있으니, 문란하게 해서는 안 된다.

어법

▣ 長幼 ‖ 天倫之序(SDP) : 어른과 어린이는 천륜의 차례이다.

▣ 兄之 ‖ 所以 爲兄(SDP) : 형이 형되는 까닭

▣ 長幼之道 ‖ 所自生也(DSPD) : 어른과 어린이의 도리가 비롯되어 나오는 것이다.

徐行後長者를 謂之弟요 疾行先長者를 謂之不弟니 是故로 年長以倍則父事之하고 十年以長則兄事之하고 五年以長則肩隨之니 長慈幼하며 幼敬長然後에야 無侮少陵長之弊하여 而人道正矣리라

천천히 걸어서 어른보다 뒤에 가는 것을 공손하다 이르고, 빨리 걸어서 어른보다 앞에 가는 것을 공손하지 않다고 이른다. 그러므로 나이가 많은 것이 배가 되면 어버이처럼 섬기고, 10년이 많으면 형처럼 섬기고, 5년이 많으면 어깨를 나란히 하고 따라가니, 어른은 어린이를 사랑하며 어린이는 어른을 공경한 뒤에야 젊은이를 업신여기고 어른을 능멸하는 폐단이 없어서 사람의 도리가 바르게 될 것이다.

어법

▣ 徐行後長者謂之弟→謂 | 之(徐行後長者) / 弟(POC) : 천천히 걸어서 어른보다 뒤에 걸어가는 것을 공손하다 이른다.

▣ 〔則〕 : ~하면

→ 十年以長則兄事之 : 십년이 많으면 형처럼 섬긴다.

徐 : 느릴 **서**　弟 : 공경할 **제**　疾 : 빠를 **질**　長 : 많을 **장** ; 어른　倍 : 곱절 **배**　事 : 섬길 **사**
肩 : 어깨 **견**　隨 : 따를 **수**　侮 : 업신여길 **모**　少 : 젊을 **소**　陵 : 업신여길 **릉**　弊 : 폐단 **폐**

而況兄弟는 **同氣之人**이라 **骨肉至親**이니 **尤當友愛**요 **不可藏怒宿怨**하여 **以敗天常也**니라

하물며 형제간은 〈같은 어버이에게서 태어나〉 기운이 같은 사람이다. 골육의 지친至親이니, 더욱 마땅히 우애할 것이요, 노여움을 마음속에 감추고 원망을 간직해 두어서 하늘의 떳떳한 도리를 무너뜨려서는 안 된다.

昔者에 **司馬光**이 **與其兄伯康**으로 **友愛尤篤**하여 **敬之如嚴父**하고 **保之如嬰兒**하니 **兄弟之道**가 **當如是也**니라 **孟子曰 孩提之童**이 **無不知愛其親**이며 **及其長也**하여는 **無不知敬其兄也**라하시니라

옛날에 사마광司馬光이 그의 형 백강伯康과 더불어 우애하기를 더욱 돈독히 하여, 형을 공경하기를 엄한 아버지와 같이 하고, 아우를 보호하기를 어린아이와 같이 하였으니, 형제간의 도리가 마땅히 이와 같아야 한다. 맹자께서 말씀하시기를 "웃을 줄 알고 손을 잡아주고 안아줄 만한 아이가 그 어버이를 사랑할 줄 모르는 이가 없으며, 그 장성함에 미쳐서는 그 형을 공경할 줄 모르는 이가 없다." 하셨다.

어법

▣ 無不 : ~못함이 없다, ~아니함이 없다.
→ 無(부정) + 不(부정) = 강한 긍정
→ 無不知愛其親 : 그 어버이를 사랑할 줄 모르는 이가 없다.

況 : 하물며 **황**　骨 : 뼈 **골**　肉 : 살 **육**　尤 : 더욱 **우**　友 : 우애할 **우**　藏 : 감출 **장**　怒 : 성낼 **노**
宿 : 묵힐 **숙**　怨 : 원망할 **원**　敗 : 패할 **패**　司 : 맡을 **사**　伯 : 맏 **백**　康 : 편안할 **강**
篤 : 도타울 **독**　嚴 : 엄할 **엄**　嬰 : 어릴 **영**　孩 : 어릴 **해**;웃다　提 : 끌 **제**　童 : 아이 **동**
長 : 장성할 **장**　敬 : 공경할 **경**

▣ 兄弟之道 ∥ 當如 / 是也(DSAPC) : 형제간의 도리가 마땅히 이와 같아야 한다.

▣ 孩提之童 ∥ 無 / 不知 | 愛其親(DSPC(PO)) : 어려서 손을 잡고 안아줄 만한 아이가 그 어버이를 사랑할 줄 모르는 이가 없다.

朋友有信 | 친구 간에는 신信이 있어야 한다

朋友는 **同類之人**이라 **益者三友**요 **損者三友**니 **友直**하며 **友諒**하며 **友多聞**이면 **益矣**요 **友便辟**하며 **友善柔**하며 **友便佞**이면 **損矣**리라

붕우는 부류가 같은 사람이다. 유익한 벗이 세 종류가 있고, 해로운 벗이 세 종류가 있으니, 벗이 정직하며 벗이 성실하며 벗이 견문이 많으면 유익하고, 벗이 한쪽(외모 꾸미는 데)만 잘하며 벗이 유순하기를 잘하며 벗이 말만 잘하면 해될 것이다.

어법

▣ 友 ∥ 直, 友 ∥ 諒, 友 ∥ 多 / 聞, 益矣(SP, SP, SPC, P) : 벗이 정직하며 벗이 성실하며 벗이 견문이 많으면 유익하다.

友也者는 **友其德也**라 **自天子**로 **至於庶人**히 **未有不須友以成者**하니 **其分**이 **若疏**하되 **而其所關**이 **爲至親**하니

벗이란 그 덕을 벗하는 것이다. 천자로부터 서인에 이르기까지 벗을 필요로 하여 이루지 않는 자가 있지 않으니, 그 친분이 비록 소원한 듯하나 그 관계되

類 : 무리 류　益 : 유익할 익　損 : 덜 손　直 : 곧을 직　諒 : 성실할 량　便 : 잘할 편
辟 : 편벽될 벽; 한쪽　善 : 잘할 선　柔 : 부드러울 유　佞 : 말잘할 녕　須 : 기다릴 수
疏 : 성글 소　關 : 관계할 관

는 바가 지극히 친밀하다.

어법

▣ 友也者 ‖ 友 | 其德(DSPDO) : 벗이란 그 덕을 벗삼는 것이다.

▣ 自天子至 / 於庶人(APC) : 천자로부터 서인에 이르기까지

→ 自~至 : ~으로부터 ~에 이르기까지

是故로 取友를 必端人하며 擇友를 必勝己니 要當責善以信하며 切切偲偲하여 忠告而善道之하다가 不可則止니라

그러므로 벗을 취하기를 반드시 단정한 사람으로 하며, 벗을 가리기를 반드시 자기보다 나은 이로 하여야 한다. 요컨대 마땅히 선을 책하되〔責善〕 성실함으로써 하며, 간절히 하고 자세히 권면하여 성심으로 말해주고 선으로 인도하다가 불가하면 그만둘 것이다.

어법

▣ 要當責 | 善 / 以信(APOC) : 요컨대 마땅히 성실함으로써 선을 책하다.

苟或交遊之際에 不以切磋琢磨[5]로 爲相與하고 但以歡狎戲謔으로 爲相親이면 則安能久而不疎乎리오

5 切磋琢磨 : '절切'은 뼈나 뿔을 절단하는 것이고, '차磋'는 줄 따위로 곱게 다듬는 것이며, '탁琢'은 옥玉과 보석을 쪼는 것이고, '마磨'는 모래 따위로 곱게 연마하는 것으로, 학문을 갈고 닦음을 비유한 말이다.

取 : 취할 취　端 : 단정할 단　擇 : 가릴 택　勝 : 나을 승　要 : 중요할 요　責 : 꾸짖을 책; 요구하다
切 : 간절 절　偲 : 자세할 시　道 : 인도할 도　遊 : 놀 유　際 : 즈음 제　切 : 자를 절　磋 : 갈 차
琢 : 쫄 탁　磨 : 갈 마　與 : 더불 여　歡 : 기쁠 환　狎 : 친압할 압　戲 : 희롱할 희
謔 : 농담할 학　安 : 어찌 안　久 : 오랠 구　疎 : 성글 소

만일 혹시라도 사귀어 놀 때에 절차탁마切磋琢磨함으로써 서로 더불지 않고 다만 기뻐하고 친하며 장난하고 농담하는 것으로써 서로 친하려고 한다면, 어찌 능히 오래되어도 소원疎遠해지지 않을 수 있겠는가?

어법

▣ 〔苟~則〕: 만일 ~한다면
▣ 〔安能~乎〕: 어찌 ~할 수 있겠는가?
→ 安能久而不疎乎: 어찌 능히 오래되어도 소원해지지 않을 수 있겠는가?

昔者에 **晏子與人交**하되 **久而敬之**하니 **朋友之道**가 **當如是也**니라 **孔子曰 不信乎朋友**면 **不獲乎上矣**리라 **信乎朋友 有道**하니 **不順乎親**이면 **不信乎朋友矣**라하시니라

옛날에 안자晏子는 남과 교제하되 오래되어도 공경하였으니, 붕우간의 도리가 마땅히 이와 같아야 한다. 공자께서 말씀하시기를 "친구들에게 성실하지 못하면 윗사람에게 신임을 얻지 못할 것이다. 친구들에게 성실하게 하는 것이 방법이 있으니, 어버이에게 순히 하지 못하면 친구들에게 성실하지 못할 것이다." 하셨다.

어법

▣ 不信 / 乎朋友, 不獲 / 乎上矣(PC, PC): 친구들에게 성실하지 못하면 윗사람에게서 신임을 받지 못한다.
〔乎〕: 피동을 나타내는 전치사(피동형)

晏: 늦을 **안** 獲: 얻을 **획**

總　論

此五品[1]者는 天敍之典而人理之所固有者라 人之行이 不外乎五者而唯孝爲百行之源이라

1 五品 : 다섯 가지 일로, 부자유친父子有親, 군신유의君臣有義, 부부유별夫婦有別, 장유유서長幼有序, 붕우유신朋友有信을 가리킨다.

이 다섯 가지 일은 하늘의 질서의 법이요 사람의 도리에 본래부터 가지고 있는 것이다. 사람의 행실이 이 다섯 가지〔五品〕에서 벗어나지 않는데, 오직 효도가 모든 행실의 근원이 된다.

어법

▣ 人之行 ‖ 不外 / 乎五者 而 唯孝 ‖ 爲 / 百行之源 (DSPC(而)ASPDC) : 사람의 행실은 이 다섯 가지〔五品〕에서 벗어나지 않는데, 효도가 모든 행실의 근원이 된다.

〔乎〕: 에서, 에, 처소를 나타내는 전치사. '於'와 같다.

〔唯〕: 오직 ~이다. 뒤의 문장을 한정하는 뜻을 나타내는 부사.

是以로 孝子之事親也는 鷄初鳴이어든 咸盥漱하고 適父母之所하여 下氣怡聲하여 問衣燠寒하며 問

總:다 총　品:물건 품　敍:차례 서　典:법 전　固:본디 고　外:벗어날 외　源:근원 원
鷄:닭 계　初:처음 초　鳴:울 명　咸:다 함　盥:세수할 관　漱:양치질할 수　適:갈 적
所:곳 소　下:낮출 하　怡:화할 이　燠:더울 욱　寒:추울 한

何食飮하며 **冬溫而夏凊**하며 **昏定而晨省**하며 **出必告**하며 **反必面**하며 **不遠遊**하며 **遊必有方**하며 **不敢有其身**하며 **不敢私其財**니라

그러므로 효자가 어버이를 섬김은 닭이 처음 울거든 다 세수하고 양치질하고, 부모의 처소로 가서 기운을 낮추고 음성을 화하게 하여 옷의 덥고 추움을 여쭈며, 무엇을 잡수시고 마실 것인가 여쭈며, 겨울에는 따뜻하게 해드리고 여름에는 서늘하게 해드리며, 저녁에는 잠자리를 정해드리고 새벽에는 문안을 살피며, 외출할 때는 반드시 아뢰고 돌아와서는 반드시 얼굴을 뵈오며, 멀리 나돌아다니지 않으며, 나돌아다니되 반드시 일정한 방소方所를 두며, 감히 자기 몸을 자기 마음대로 두지 않으며, 감히 재물을 사사로이 하지 않는다.

어법

▣ 孝子之 ‖ 事 | 親也(DSPO) : 효성스러운 아들이 어버이를 섬기다.

▣ 冬 ‖ 溫(而)夏 ‖ 凊(SP(而)SP) : 겨울에는 따뜻하게 해드리고 여름에는 서늘하게 해드린다.

父母愛之어시든 **喜而不忘**하며 **惡之**어시든 **懼而無怨**하며 **有過**어시든 **諫而不逆**하고 **三諫而不聽**이어시든 **則號泣而隨之**하며 **怒而撻之流血**이라도 **不敢疾怨**하며 **居則致其敬**하고 **養則致其樂**하고 **病則致**

食 : 먹을 **식** 飮 : 마실 **음** 溫 : 더울 **온** 夏 : 여름 **하** 凊 : 서늘할 **청/정** 昏 : 어두울 **혼**
晨 : 새벽 **신** 省 : 살필 **성** 告 : 아뢸 **고/곡** 反 : 돌아올 **반** 面 : 뵐 **면** 遊 : 놀 **유**
方 : 방소 **방** 有 : 둘 **유** 私 : 사사로울 **사** 喜 : 기쁠 **희** 惡 : 미워할 **오** 懼 : 두려울 **구**
怨 : 원망할 **원** 過 : 허물 **과** 諫 : 간할 **간** 逆 : 거스를 **역** 號 : 부르짖을 **호** 泣 : 울 **읍**
隨 : 따를 **수** 怒 : 성낼 **노** 撻 : 종아리칠 **달** 疾 : 미워할 **질** 致 : 지극할 **치**

其憂하고 **喪則致其哀**하고 **祭則致其嚴**이니라

부모가 사랑해 주시거든 기뻐하고 잊지 않으며, 미워하시거든 두려워하고 원망함이 없으며, 부모가 과실이 있으시거든 간하되 거스르지 아니하고, 세 번 간해도 들어주지 않으시거든 부르짖어 울고 따르며, 부모가 노하여 종아리를 쳐서 피가 흐르더라도 감히 미워하고 원망하지 않으며, 거처할 때에는 그 공경을 지극히 하고, 봉양할 때에는 그 즐거움을 지극히 하고, 병환에는 그 근심을 지극히 하고, 상을 당하면 슬픔을 지극히 하고, 제사할 때에는 그 엄숙함을 지극히 해야 한다.

어법

▣ 〔而〕: ~하며, ~하나, ~하되
喜而 : 기뻐하며, 懼而 : 두려워하고, 諫而 : 간하되, 怒而 : 노하여

▣ 〔則〕: ~하면
居則致其敬, 養則致其樂 : 거처할 때면 그 공경을 지극히 하고 봉양할 때면 그 즐거움을 지극히 하다.

若夫人子之不孝也는 **不愛其親**이요 **而愛他人**하며 **不敬其親**이요 **而敬他人**하며 **惰其四肢**[2]하여 **不顧父母之養**하며 **博奕好飮酒**하여 **不顧父母之養**하며 **好貨財**하며 **私妻子**하여 **不顧父母之養**하며 **從耳目之好**하여 **以爲父母戮**하며 **好勇鬪狠**하여 **以危父母**하나니라

2 四肢 : 네 가지 지체肢體로, 두 팔과 두 다리를 가리킨다.

憂 : 근심 **우** 喪 : 초상 **상** 哀 : 슬플 **애** 惰 : 게으를 **타** 肢 : 사지 **지** 顧 : 돌아볼 **고**
博 : 장기 **박** 奕 : 바둑 **혁** 貨 : 재물 **화** 財 : 재물 **재** 私 : 사사로울 **사** 戮 : 욕될 **륙**
勇 : 용맹할 **용** 鬪 : 싸울 **투** 狠 : 사나울 **한**

자식의 불효하는 것으로 말하면, 그 어버이를 사랑하지 아니하고 다른 사람을 사랑하며, 그 어버이를 공경하지 아니하고 다른 사람은 공경하며, 그 사지四肢를 게을리하여 부모의 봉양을 돌보지 아니하며, 장기·바둑이나 두고 술 마시기를 좋아하여 부모의 봉양을 돌보지 아니하며, 재물을 좋아하고 처자를 사사로이 하여 부모의 봉양을 돌보지 아니하며, 이목耳目의 좋아함을 따라 부모를 욕되게 하며, 용맹을 좋아하여 싸우고 사나워서 부모를 위태롭게 하는 것이다.

어법

▣ 若夫 : 글월의 앞에 쓰이는 어기사

▣ 人子之(DS) ‖ 不孝也(P) ‖ 不愛(P) | 其(D) 親(O) 而 愛(P) | 他(D) 人(O)

: 자식이 불효하는 것은 그 어버이를 사랑하지 아니하고 다른 사람을 사랑하는 것이다.

▣ (S) ‖ 不顧 | 父母之養((S)PDO)

顧 | 養 : 봉양을 돌보다.

顧 | 父母之養 : 부모의 봉양을 돌보다.

不顧 | 父母之養 : 부모의 봉양을 돌보지 않다.

噫라 **欲觀其人**의 **行之善不善**인대 **必先觀其人之孝不孝**니 **可不愼哉**며 **可不懼哉**아 **苟能孝於其親**이면 **則推之於君臣也**와 **夫婦也**와 **長幼也**와 **朋友也**에 **何往而不可哉**리오 **然則孝之於人**에 **大矣**로되 **而亦非高遠難行之事也**라

슬프다! 그 사람의 행실이 착하고 착하지 못함을 보고자 할진대 반드시 먼저

噫 : 슬플 희 觀 : 볼 관 愼 : 삼갈 신 懼 : 두려울 구 推 : 밀 추 往 : 갈 왕

그 사람의 효도하고 효도하지 않음을 볼 것이니, 삼가지 않을 수 있으며 두려워하지 않을 수 있겠는가. 만일 그 어버이에게 효도한다면, 군신간과 부부간과 장유간과 붕우간에 미룸에 어디를 간들 불가하겠는가. 그러한즉 효도는 사람에게 있어서 매우 큰 것이로되 또한 높고 멀어 행하기 어려운 일이 아니다.

어법

▣ 〔可不~哉〕: ~하지 않을 수 있겠는가?

→ 可不懼哉: 두려워하지 않을 수 있겠는가?

▣ 〔苟~則〕: 만일 ~한다면

→ 苟能孝於其親則推之~: 만일 그 어버이에게 효도한다면 그것을 미루어…….

然이나 **自非生知者**면 **必資學問而知之**니 **學問之道**는 **無他**라 **將欲通古今**하며 **達事理**하여 **存之於心**하며 **體之於身**이니 **可不勉其學問之力哉**아 **玆用摭其歷代要義**하여 **書之于左**하노라

그러나 스스로 나면서부터 아는 자가 아니면 반드시 학문을 의뢰하여 알아야 하니, 학문의 길은 다름이 아니라, 장차 옛날과 지금의 역사를 통달하며, 사리를 통달하여 이를 마음에 간직해 두며 이를 몸에 몸받고자 하는 것이니, 그 학문의 힘을 힘쓰지 않을 수 있겠는가. 이로써 그 역대의 중요한 의義를 뽑아서 이것을 왼쪽(아래)에 쓰노라.

어법

▣ 學問之道 ‖ 無 / 他(DSPC): 학문의 길은 다른 것이 없다.

▣ 存 | 之 / 於心, 體 | 之 / 於身(POC, POC): 이를 마음에 간직하며 이를 몸에 몸받다.

資: 자뢰할 **자**　將: 장차 **장**　欲: 하고자할 **욕**　體: 몸받을 **체**　勉: 힘쓸 **면**　玆: 이 **자**
摭: 뽑을 **척**　歷: 지날 **력**

■ 〔可不~哉〕: ~하지 않을 수 있겠는가?(반어의 뜻을 나타냄)

→ 可不勉其學問之力哉: 그 학문의 힘을 힘쓰지 않을 수 있겠는가?

■ 書 | 之 / 于在(POC): 이것을 왼쪽에 쓰노라.

〔之〕: 이것, 대명사로서 목적어의 구실을 한다.

〔于〕: ~에, ~에서, 전치사 '於'와 같은 구실을 한다.

蓋自太極肇判하여 **陰陽始分**으로 **五行**[3]이 **相生**에 **先有理氣**라 **人物之生**이 **林林總總**하더니 **於是**에 **聖人**이 **首出**하사 **繼天立極**하시니 **天皇氏**와 **地皇氏**와 **人皇氏**와 **有巢氏**와 **燧人氏**가 **是爲太古**니 **在書契以前**이라 **不可考**로다

3 五行 : 금金·목木·수水·화火·토土를 가리킨다.

태극이 처음 판별되어 음양(하늘과 땅)이 비로소 나뉨으로부터 오행五行이 서로 낳음에 먼저 이理와 기氣가 있었다. 사람과 물건의 낳음이 많고 많더니, 이에 성인이 으뜸으로 나오시어 하늘의 뜻을 계승하여 극極(표준)을 세우시니, 천황씨와 지황씨와 인황씨와 유소씨와 수인씨가 이가 태고시대가 된다. 서계書契(글자)가 있기 이전이라 상고할 수가 없도다.

어법

■ 〔蓋〕: 대개, 글월의 앞에 오는 어기사로 발어사의 구실을 한다.

■ 自太極 ‖ 肇判, 陰陽 ‖ 始分(SAP, SAP): 태극이 처음 판별되어 음양이 비로소 나뉨으로부터

■ 〔自〕: ~부터, 문장을 이끄는 전치사

■ 人物之生 ‖ 林林總總(DSP): 사람과 물건의 낳음이 많고 많다.

自: 부터 **자**　極: 극진할 **극**　肇: 비로소 **조**　判: 판단할 **판**; 나누다　林: 수풀 **림**　總: 다 **총**
首: 첫머리 **수**　繼: 이을 **계**　巢: 깃들일 **소**　燧: 화경 **수**　契: 문서 **계**　考: 상고할 **고**

伏羲氏始畫八卦[4]하며 造書契하여 以代結繩之政[5]하시고 神農氏作耒耜하며 制醫藥하시고 黃帝氏用干戈하며 作舟車하며 造曆算하며 制音律하시니 是爲三皇이니 至德之世라 無爲而治하니라

4 八卦 : ≪주역周易≫의 여덟 괘卦로, 건乾(☰)·태兌(☱)·이離(☲)·진震(☳)·손巽(☴)·감坎(☵)·간艮(☶)·곤坤(☷)을 이른다.

5 結繩之政 : 결승結繩은 노끈이나 새끼줄을 묶어 일이나 의사를 표시하는 것이다. 상고시대에는 문자가 없었으므로 노끈이나 새끼줄을 이용하여 큰 일을 큰 끈으로 크게 묶어놓고, 작은 일은 작은 끈으로 작게 묶어 놓아 일이나 의사를 표시하였다.

복희씨가 비로소 팔괘八卦를 그으며 서계(글자)를 만들어 노끈을 맺던 〈간이한〉 정사를 대신하시고, 신농씨가 쟁기자루와 보습을 만들며 의술과 약을 만드시고, 황제씨가 방패와 창을 쓰며 배와 수레를 만들며 달력과 산수를 만들며 음률을 제정하시니, 이들을 삼황이라 한다. 이때는 덕이 지극한 세상이라 인위적으로 하는 일이 없어도 잘 다스려졌다.

어법

▣ 伏羲氏 ‖ 始畫 | 八卦(SAPDC) : 복희씨가 비로소 팔괘를 긋다.

▣ 神農氏 ‖ 作 | 耒耜, 皇帝氏 ‖ 用 | 干戈(SPO, SPO) : 신농씨가 농기구(쟁기자루와 보습)를 만들고, 황제씨가 무기(방패와 창)를 쓰다.

少昊와 顓頊과 帝嚳과 帝堯와 帝舜이 是爲五帝라

伏 : 엎드릴 **복**　羲 : 복희 **희**　畫 : 그을 **획**　造 : 지을 **조**　繩 : 노끈 **승**　耒 : 쟁기자루 **뢰**
耜 : 쟁기보습 **사**　制 : 지을 **제**　干 : 방패 **간**　戈 : 창 **과**　舟 : 배 **주**　曆 : 책력 **력**　算 : 셀 **산**
律 : 음률 **률**　至 : 지극할 **지**　昊 : 하늘 **호**　顓 : 오로지 **전**　頊 : 머리굽실거릴 **욱**　嚳 : 이름 **곡**
堯 : 요임금 **요**

皐夔稷契이 **佐堯舜**하여 **而堯舜之治**가 **卓冠百王**이라 **孔子定書**에 **斷自唐虞**하시니라

소호와 전욱과 제곡과 제요와 제순을 오제五帝라 한다. 고요皐陶와 기夔와 직稷과 설契이 요堯·순舜을 도와서 요·순의 정치가 모든 왕의 으뜸이 되었다. 공자께서 ≪서경書經≫을 정리할 때에 당唐〔堯〕, 우虞〔舜〕로부터 단정하셨다.

어법

▣ 孔子 ‖ 定 | 書, 斷 / 自唐虞(SPO, PC) : 공자께서 서경을 정리함에 당우로부터 단정하셨다.

夏禹와 **商湯**과 **周文王武王**이 **是爲三王**이니 **歷年**이 **或四百**하며 **或六百**하며 **或八百**하니 **三代**[6]**之隆**을 **後世莫及**이요 **而商之伊尹傅說**과 **周之周公召公**이 **皆賢臣也**라 **周公**이 **制禮作樂**하시니 **典章法度**가 **粲然極備**하더니

6 三代 : 위의 하夏나라와 상商나라, 주周나라의 세 왕조王朝를 가리킨다.

하夏나라 우왕禹王과 상商나라 탕왕湯王과 주周나라 문왕文王·무왕武王을 삼왕三王이라 하니, 지나온 햇수가 혹은 4백 년이며 혹은 6백 년이며 혹은 8백 년이었다. 이 삼대三代의 융성함을 후세에는 미칠 수가 없었으며, 상나라의 이윤伊尹·부열傅說과 주나라의 주공周公·소공召公이 모두 어진 신하였다. 주공이 예禮를 만들고 음악을 만드시니, 전장典章과 법도가 찬연하게 지극히 갖추어졌었다.

皐 : 언덕 **고**　夔 : 공경할 **기**　稷 : 피 **직**　契 : 이름 **설**　佐 : 도울 **좌**　卓 : 높을 **탁**　冠 : 갓 **관**
斷 : 끊을 **단**　唐 : 당나라 **당**　虞 : 우나라 **우**　夏 : 여름 **하**　禹 : 우임금 **우**　商 : 상나라 **상**
湯 : 끓을 **탕**　隆 : 높을 **륭**　莫 : 없을 **막**　伊 : 저 **이**　尹 : 맏 **윤**　傅 : 스승 **부**
說 : 말씀 **설**; 기쁠 **열**　章 : 글 **장**　度 : 법도 **도**　粲 : 빛날 **찬**　備 : 갖출 **비**

어법

■ 周之 周公召公 ‖ 皆 賢臣也(DSDP) : 주나라의 주공·소공이 모두 어진 신하이다.

■ 周公(S) ‖ 制(P) | 禮(O) / 作(P) | 樂(O) : 주공이 예를 만들고 음악을 만들다.

及其衰也하여 **五霸摟諸侯**하여 **以匡王室**하니 **若齊桓公**과 **晉文公**과 **宋襄公**과 **秦穆公**과 **楚莊王**이 **迭主夏盟**하니 **王靈**이 **不振**하니라

주나라가 쇠할 때에 미쳐 오패五霸가 제후를 이끌어 왕실을 바로잡았으니, 제 환공과 진 문공과 송 양공과 진 목공과 초 장왕이 차례로 중하中夏〔中華〕의 맹세를 주장하였으니, 왕의 위엄이 떨쳐지지 못하였다.

어법

■ 五霸 ‖ 摟 | 諸侯, 以(之)匡 ‖ 王室(DSPO, APDO) : 오패가 제후를 이끌어 이로써 왕실을 바로잡다.

孔子以天縱之聖으로 **轍環天下**하사 **道不得行于世**하여 **刪詩書**하시며 **定禮樂**하시며 **贊周易**하시며 **修春秋**하사 **繼往聖, 開來學**하시고 **而傳其道者**는 **顏子曾子**라 **事在論語**하니라 **曾子之門人**이 **述大學**하니라

衰 : 쇠할 쇠　霸 : 으뜸 패　摟 : 끌 루　侯 : 임금 후　匡 : 바로잡을 광　若 : 같을 약
桓 : 굳셀 환　襄 : 오를 양　迭 : 번가를 질　主 : 주장할 주　夏 : 중국 하　盟 : 맹세할 맹
振 : 떨칠 진　縱 : 풀어놓을 종　轍 : 수레바퀴 철　環 : 돌 환　刪 : 깎을 산　贊 : 도울 찬
易 : 바뀔 역　修 : 닦을 수　開 : 열 개　顏 : 얼굴 안　曾 : 일찍 증　論 : 의논 론　述 : 지을 술

공자는 하늘이 내신 성인으로서 수레바퀴 자국이 천하를 두루 돌았으나 도道가 세상에 행해지지 못하였다. 그리하여 ≪시경詩經≫과 ≪서경書經≫을 산삭刪定하시며, 예禮와 악樂을 정하시며, ≪주역周易≫을 부연 설명하시며, ≪춘추春秋≫를 편수하사, 가신 성인을 계승하고 후세의 학자들을 열어주셨고, 그 도를 전한 자는 안자顔子와 증자曾子이다. 이 사실이 ≪논어論語≫에 기재되어 있다. 증자의 문인이 ≪대학大學≫을 기술하였다.

어법

▣ 道 ‖ 不得行 / 于世(SPC) : 도道가 세상에 행하지 못하다.
道 ‖ 行 / 于世 : 도가 세상에 행해지다.
道 ‖ 不行 / 于世 : 도가 세상에 행해지지 않다.
道 ‖ 不得行 / 于世 : 도가 세상에 행해지지 못하다.(행해질 수 없다.)

▣ 曾子之 門人 ‖ 述 / 大學(DSPO) : 증자의 문인이 ≪대학≫을 기술하다.

列國則曰魯와 曰衛와 曰晉과 曰鄭과 曰曹와 曰蔡와 曰燕과 曰吳와 曰齊와 曰宋과 曰陳과 曰楚와 曰秦이니 干戈日尋하여 戰爭不息하여 遂爲戰國하니 秦楚燕齊韓魏趙是謂七雄이라

열국列國은 노魯·위衛·진晉·정鄭·조曹·채蔡·연燕·오吳·제齊·송宋·진陳·초楚·진秦이니, 방패와 창(전쟁)이 날마다 이어져 전쟁이 그치지 않아 마침내 전국시대戰國時代가 되었으니, 진秦·초·연·제·한·위·조를 칠웅七雄이라고 하였다.

論 : 의논 **론**　述 : 지을 **술**　魯 : 노나라 **로**; 노둔하다　衛 : 위나라 **위**; 호위하다
晉 : 진나라 **진**; 나아가다　鄭 : 정나라 **정**　曹 : 조나라 **조**; 무리　蔡 : 채나라 **채**　燕 : 연나라 **연**
吳 : 오나라 **오**　齊 : 제나라 **제**; 가지런하다　陳 : 진나라 **진**; 묵다　楚 : 초나라 **초**　秦 : 진나라 **진**
戈 : 창 **과**　尋 : 찾을 **심**; 잇다　息 : 그칠 **식**　遂 : 드디어 **수**　魏 : 위나라 **위**　雄 : 수컷 **웅**

어법

▣ 戰爭 ‖ 不息, 遂爲 / 戰國(SP, APDC) : 전쟁이 그치지 않아 마침내 전국시대가 되다.

孔子之孫子思 生斯時하사 作中庸하시고 其門人之弟孟軻 陳王道於齊梁하사 道又不行하여 作孟子七篇하시되 而異端[7]縱橫[8]功利[9]之說이 盛行이라 吾道不傳하니라

7 異端縱橫功利之說 : 이단異端은 유교儒敎가 아닌 다른 학파나 교리敎理를 가리킨다. 맹자 당시에는 위아爲我를 주장한 양주楊朱와 겸애兼愛를 주장한 묵적墨翟이 있었다.

8 縱橫 : 전국시대 다국간연합多國間聯合의 형태를 지칭하는 말로, 초楚·연燕·제齊·한韓·위魏·조趙의 6개국이 연합하여 강성한 진秦나라에 맞서 싸워야 한다고 주장한 소진蘇秦 일파의 말을 종縱이라 하고, 이와 반대로 6개국이 진나라를 황제국으로 섬겨 평화와 안녕을 누려야 한다고 주장한 장의張儀 일파의 말을 횡橫이라 하였다.

9 功利 : 공리를 취하는 것으로 병법兵法에 능하거나 경제에 밝은 것을 뜻한다.

공자의 손자인 자사子思가 이때에 태어나시니 ≪중용中庸≫을 지으셨고, 그 문인의 제자인 맹가孟軻가 왕도를 제나라와 양나라에서 말씀하셨는데 도가 또 행해지지 못하여 ≪맹자孟子≫ 7편을 지으셨으나, 이단異端과 종횡縱橫과 공리功利의 말이 성행해서 우리 도(유교의 도)가 전해지지 못하였다.

어법

▣ 孔子之孫 子思 ‖ 生 / 斯時, 作 | 中庸(DSPDC, PO) : 공자의 손자인 자사가 이때에 태어나서 중용을 지었다.

斯 : 이 **사**　庸 : 떳떳할 **용**　軻 : 수레 **가**　陳 : 말할 **진**　梁 : 양나라 **량**　篇 : 책 **편**;편
異 : 다를 **이**　縱 : 세로 **종**　橫 : 가로 **횡**

▣ 其門人之弟 孟軻 ‖ 陳 | 王道 / 於齊梁(DSPOC) : 그 문인의 제자인 맹가가 왕도를 제나라와 양나라에서 말씀하셨다.

▣ 吾道 ‖ 不傳(DSP) : 우리의 도가 전해지지 않다.
道 ‖ 傳 : 도가 전해지다.
道 ‖ 不傳 : 도가 전해지지 않다.
吾道 ‖ 不傳 : 우리의 도가 전해지지 않다.

▣ 吾道 ‖ 不傳乎 : 우리의 도가 전해지지 않겠는가?

及秦始皇하여 呑二周, 滅六國[10]하며 廢封建爲郡縣하며 焚詩書, 坑儒生하니 二世而亡하니라

10 呑二周, 滅六國 : 이주二周는 동주東周와 서주西周를 가리키며, 육국六國은 위의 칠웅七雄 중, 진秦나라를 제외한 초楚·연燕·제齊·한韓·위魏·조趙의 여섯 나라를 가리킨다.

진 시황秦始皇에 이르러서는 두 주周나라를 병탄하고 6국을 멸망시키며, 봉건제도를 폐하고 군현제도를 만들며, 시서詩書를 불태우고 유생儒生을 구덩이에 묻어 죽이니, 두 대만에 망하였다.

漢高祖起布衣成帝業하여 歷年四百하되 在明帝時하여 西域佛法이 始通中國하여 惑世誣民하니라 蜀漢과 吳와 魏 三國이 鼎峙而諸葛亮이 仗義扶漢하다가 病卒軍中하니라

한 고조는 포의布衣(평민)로 일어나 황제의 업을 이루어서 햇수가 4백 년을

呑 : 삼킬 **탄** 廢 : 폐할 **폐** 封 : 봉할 **봉** 縣 : 고을 **현** 焚 : 불태울 **분** 坑 : 구덩이 **갱**
儒 : 선비 **유** 布 : 베 **포** 業 : 업 **업** 歷 : 지날 **력** 域 : 지역 **역** 佛 : 부처 **불** 始 : 비로소 **시**
惑 : 혹할 **혹** 誣 : 속일 **무** 蜀 : 땅이름 **촉** 鼎 : 솥 **정** 峙 : 우뚝솟을 **치** 葛 : 칡 **갈**
亮 : 밝을 **량** 仗 : 잡을 **장** 扶 : 붙들 **부** 卒 : 마칠 **졸**

지났는데, 명제明帝 때에 서역西域의 불교가 비로소 중국에 통하여 세상을 현혹시키고 백성을 속였다. 촉한蜀漢과 오吳와 위魏의 세 나라가 솥발처럼 대치하고 있었는데, 제갈량이 의義를 잡고 한나라를 붙들다가 병들어 군중에서 죽었다.

어법

▣ 漢高祖 ‖ 起 / 布衣, 成 | 帝業(DSPC, PDO) : 한 고조가 포의로 일어나 황제의 업을 이루다.

▣ 西域 佛法 ‖ 始通 / 中國(DSAPC) : 서역의 불교가 비로소 중국에 통행되다.

▣ 諸葛亮(S) ‖ 仗(P) | 義(O) / 扶(P) | 漢(O) : 제갈량이 의義를 잡고 한나라를 붙들다.

晉有天下에 歷年百餘하되 五胡[11]亂華하니 宋齊梁陳에 南北分裂이러니 隋能混一하되 歷年三十하니라

11 五胡 : 다섯 오랑캐 부족으로, 흉노족匈奴族·갈족羯族·선비족鮮卑族·저족氐族·강족羌族을 이른다. 서진西晉 말기로부터 남북조南北朝 시대의 초기인 송宋나라에 이르기까지 5호胡 16국國이 있었다.

진晉나라가 천하를 송함에 햇수가 백여 년이 지났는데 다섯 오랑캐〔五胡〕가 중화를 어지럽히니, 송宋·제齊·양梁·진陳에 남북으로 분열되었다. 수隋나라가 능히 천하를 통일하였으나 겨우 30년을 지내었다.

唐高祖와 太宗이 乘隋室亂하여 化家爲國하여 歷年三百하니라 後梁과 後唐과 後晉과 後漢과 後周是爲五季니 朝得暮失하여 大亂이 極矣라

胡:오랑캐 **호** 華:중화 **화** 裂:찢을 **렬** 隋:나라 **수** 混:합할 **혼** 乘:탈 **승** 化:화할 **화** 季:끝 **계** 暮:저녁 **모** 失:잃을 **실**

당나라 고조와 태종이 수나라 황실의 어지러움을 틈타 집(大夫와 采邑)을 변화하여 나라를 만들어서 햇수가 3백 년을 지났다. 후량과 후당과 후진과 후한과 후주를 오계五季라 하니, 아침에 얻었다가 저녁에 잃어 크게 혼란함이 지극하였다.

宋太祖立國之初에 **五星**이 **聚奎**[12]하여 **濂洛關閩**[13]에 **諸賢**이 **輩出**하니 **若周敦頤**와 **程顥**와 **程頤**와 **司馬光**과 **張載**와 **邵雍**과 **朱熹**가 **相繼而起**하여 **以闡明斯道**로 **爲己任**하되 **身且不得見容**하고 **而朱子集諸家說**하사 **註四書五經**[14]하시니 **其有功於學者 大矣**로다

12 五星聚奎 : 오성五星은 금金·목木·수水·화火·토土의 다섯 별이며, 규奎 역시 별 이름으로 28수宿의 하나인데, 이 오성이 규성奎星에 모이면 문운文運이 크게 열려 세상이 문명文明해진다고 한다.

13 濂洛關閩 : 주돈이周敦頤는 염계濂溪에 살았고, 정호程顥·정이程頤 형제는 낙양洛陽에, 장재張載는 관중關中에, 주희朱熹는 민중閩中에 살았으므로, 이들 지역을 약칭한 것이다.

14 四書·五經 : 유가儒家의 대표적인 경전經典으로, 사서는 ≪대학大學≫·≪중용中庸≫·≪논어論語≫·≪맹자孟子≫이며, 오경은 ≪시경詩經≫·≪서경書經≫·≪역경易經≫·≪춘추경春秋經≫·≪예경禮經≫을 이른다. 그러나 주자가 사서·오경을 모두 주석한 것은 아니고, 사서와 ≪시경≫·≪역경≫을 주석하였으며, ≪서경≫은 그의 제자인 채침蔡沈이 하였고, 나머지는 미처 주석하지 못하였다.

聚:모을 **취** 奎:별 **규** 濂:물이름 **렴** 洛:물이름 **락** 關:닫을 **관** 閩:오랑캐 **민**
諸:모두 **제** 輩:무리 **배** 敦:도타울 **돈** 頤:기를 **이** 程:길 **정** 顥:흴 **호** 載:실을 **재**
邵:높을 **소** 雍:화할 **옹** 朱:붉을 **주** 熹:밝을 **희** 起:일어날 **기** 闡:밝을 **천**
見:당할 **견** 容:용납할 **용** 家:집 **가** 註:주낼 **주**

송나라 태조가 나라를 세운 초기에 금·목·수·화·토의 다섯 별이 규성奎星에 모여 염濂·낙洛·관關·민閩에 여러 현인賢人이 무리로 나오니, 주돈이周敦頤와 정호程顥와 정이程頤와 사마광司馬光과 장재張載와 소옹邵雍과 주희朱熹 같은 분이 서로 이어 일어나서 이 유도儒道를 밝히는 것으로써 자신의 임무를 삼았으나 자기 몸도 용납을 받지 못하였고, 주자朱子가 제가諸家의 학설을 모아 사서四書와 오경五經을 주註내셨으니, 그 배우는 자에게 공이 있음이 크다.

어법

▣ 身 ‖ 且 不得見容(SAP):몸도 또한 용납을 받지 못하다.

→ 〔見〕:피동 조동사

→ 見容:용납을 받다.

▣ 身 ‖ 容:몸이 용납되다.

身 ‖ 見容:몸이 용납을 받다.(피동)

身 ‖ 且 見容:몸이 또한 용납을 받다.

身 ‖ 且 不見容:몸이 또한 용납을 받지 못하다.

身 ‖ 且 不得見容:몸이 또한 용납을 받을 수 없다.

身 ‖ 且 不得見容乎:몸이 또한 용납받을 수 없겠는가?

然而國勢不競하여 歷年三百하니 契丹과 蒙古과 遼와 金이 迭爲侵軼하고 而及其垂亡하여 文天祥이 竭忠報宋하다가 竟死燕獄하니라

그러나 국가의 형세가 강하지 못하여 햇수가 3백 년을 지났는데, 거란과 몽고와 요遼와 금金이 번갈아 침략하였고, 그 거의 망할 때에 미쳐서 문천상文天祥이 충성을 다하여 송나라에 보답하다가 마침내 연燕 땅의 옥에서 죽었다.

勢:형세 **세** 競:강할 **경** 契:문서 **계**;부족이름 **글/거** 丹:붉을 **단/란** 蒙:어릴 **몽**
遼:멀 **요** 迭:차례 **질** 侵:침노할 **침** 軼:침노할 **일** 垂:드리울 **수** 祥:상서로울 **상**
竭:다할 **갈** 報:갚을 **보** 竟:마침내 **경** 燕:연나라 **연** 獄:감옥 **옥**

어법

▣ 然而 : 그러나, 연이나

▣ 國勢 ∥ 不競(DSP) : 나라의 형세가 강하지 못하다.

▣ 契丹蒙古遼金 ∥ 迭爲 | 侵軼(SAPO) : 거란과 몽고와 요와 금이 번갈이 침략하다.

胡元이 **滅宋**하고 **混一區宇**하여 **綿歷百年**하니 **夷狄之盛**이 **未有若此者也**로다 **天厭穢德**이라 **大明**이 **中天**하사 **聖繼神承**하시니 **於**(오)**千萬年**이로다

오랑캐인 원나라가 송나라를 멸망하고 구우區宇(천하)를 통일하여 면면히 백년을 지냈으니, 이적夷狄의 성함이 이와 같은 적은 있지 않았다. 하늘이 더러운 덕을 싫어하였다. 그리하여 대명大明이 천운에 맞아 성인聖人이 잇고 신인神人이 계승하시니, 아! 천만 년을 이어가리로다.

어법

▣ 夷狄之盛 ∥ 未有 / 若此 者也(DSPDC) : 이적의 성함이 이와 같은 적은 있지 않았다.

▣ 天 ∥ 厭 | 穢德(SPDO) : 하늘이 더러운 덕을 싫어하다.

嗚呼라 **三綱五常**[15]**之道**가 **與天地**로 **相終始**하니 **三代以前**에는 **聖帝明王**과 **賢相良佐**가 **相與講明之**라 **故**로 **治日**이 **常多**하고 **亂日**이 **常少**하더니 **三代以後**에는 **庸君暗主**와 **亂臣賊子**가 **相與敗壞之**라

混 : 합할 **혼**　綿 : 솜 면, 잇다　夷 : 오랑캐 **이**　狄 : 오랑캐 **적**　厭 : 싫을 **염**　穢 : 더러울 **예**
中 : 맞을 **중**　於 : 감탄할 **오**　嗚 : 슬플 **오**　呼 : 부를 **호**　綱 : 벼리 **강**　終 : 마칠 **종**
相 : 정승 **상**　佐 : 도울 **좌**　講 : 외울 **강**　常 : 항상 **상**　少 : 적을 **소**　庸 : 용렬할 **용**
暗 : 어두울 **암**　賊 : 해칠 **적**　敗 : 패할 **패**　壞 : 무너질 **괴**

故로 **亂日**이 **常多**하고 **治日**이 **常少**하니 **其所以世之治亂安危**와 **國之興廢存亡**이 **皆由於人倫之明不明如何耳**라 **可不察哉**아

15 三綱五常 : 인간의 기본 윤리로, 삼강은 군주는 신하의 벼리가 되고〔君爲臣綱〕, 아버지는 자식의 벼리가 되고〔父爲子綱〕, 남편은 부인의 벼리가 되는 것〔夫爲婦綱〕이며, 오상은 다섯 가지의 떳떳한 도리로, 부자유친父子有親 등의 오륜五倫을 가리킨다.

아 슬프다! 삼강三綱과 오상五常의 도道는 천지와 더불어 서로 종시終始를 같이 하니, 삼대三代 이전에는 성스러운 임금과 밝은 군주와 어진 재상과 훌륭한 보좌관이 서로 더불어 삼강·오상의 도를 강론하여 밝혔다. 그러므로 다스려진 날이 항상 많고 어지러운 날이 항상 적었는데, 삼대 이후에는 용렬한 임금과 어두운 군주와 패란한 신하와 역적들이 서로 더불어 삼강·오상의 도를 파괴하였다. 그러므로 어지러운 날이 항상 많고 다스려진 날이 항상 적었다. 세상이 다스려지고 어지러움과 편안하고 위태로움과 나라가 흥하고 폐함과 존재하고 멸망하는 까닭이 모두 인륜人倫이 밝으냐 밝지 못하냐의 여하에 달려 있으니, 살피지 않을 수 있겠는가.

어법

▣ 聖帝明王, 賢相良佐 ‖ 相與 講明 | 之(DSAPO) : 성군과 밝은 군주와 어진 재상과 훌륭한 보좌관이 서로 더불어 이것(삼강오륜)을 강론하여 밝혔다.

▣ 治日 ‖ 常多(DSAP) : 어지러운 날이 항상 많다.

▣ 〔可不~哉〕: ~하지 않을 수 있겠는가?
→ 可不察哉 : 살피지 않을 수 있겠는가?

東方에 **初無君長**하더니 **有神人**이 **降于太白山檀**

危 : 위태로울 **위** 興 : 일어날 **흥** 廢 : 폐할 **폐** 察 : 살필 **찰** 降 : 내릴 **강** 檀 : 박달나무 **단**

木下어늘 **國人**이 **立以爲君**하니 **與堯**로 **竝立**하여 **國號**를 **朝鮮**이라하니 **是爲檀君**이라

동방(우리나라)에 초음에는 군장君長(임금)이 없었는데, 신인神人이 태백산太白山(백두산) 단목檀木의 아래에 내려오자, 나라 사람들이 이를 임금으로 세웠다. 그리하여 중국의 요堯임금과 같은 시기에 즉위하여 국호를 조선이라 하니, 이가 단군檀君이다.

어법

▣ 有神人 ‖ 降 / 于太白山檀木下(DSPC) : 어느 한 신인神人이 태백산 단목의 아래에 내려오다.

周武王이 **封箕子于朝鮮**하신대 **敎民禮義**하여 **設八條之敎**[16]하시니 **有仁賢之化**하더라

16 八條之敎 : 여덟 조목의 가르침으로, 사람을 죽인 자는 사형에 처하고, 사람을 상해傷害하거나 절도竊盜한 자에게는 죄질의 경중輕重에 따라 벌을 주는 것 등인데, 위의 세 가지 조목만 전하고 나머지는 전하지 않는다.

주周나라 무왕武王이 기자箕子를 조선에 봉하시자, 백성들에게 예의를 가르쳐 팔조八條의 교법敎法을 베푸시니, 인현仁賢의 교화가 있었다.

어법

▣ 周武王 ‖ 封 | 箕子 / 于朝鮮(DSPOC) : 주나라 무왕이 기자를 조선에 봉하였다.

▣ 敎 / 民 | 禮義(PCO) : 백성에게 예의를 가르치다.
서술어가 교시敎示나 수여授與를 나타내는 동사일 때는 목적어와 보어의 위치가 도치된다.
→ '敎禮義於民'이 '敎民禮義'로 도치된 것이다.

堯 : 요임금 **요**　竝 : 아우를 **병**　號 : 이름 **호**　鮮 : 고울 **선**　封 : 봉할 **봉**　箕 : 키 **기**
條 : 가지 **조**　化 : 화할 **화**

燕人衛滿이 **因盧綰亂**하여 **亡命來**하여 **誘逐箕準**하고 **據王儉城**하더니 **至孫右渠**하여 **漢武帝討滅之**하고 **分其地**하여 **置樂浪臨屯玄菟眞蕃四郡**하다 **昭帝以平那玄菟**로 **爲平州**하고 **臨屯樂浪**으로 **爲東府二都督府**하다

연燕나라 사람 위만衛滿이 노관盧綰의 난리를 인하여 망명하여 와서 기준箕準을 꾀어 내쫓고 왕검성王儉城을 점거하더니, 손자인 우거右渠에 이르러 한나라 무제가 쳐서 멸망하고, 그 땅을 나누어 낙랑·임둔·현도·진번의 네 군〔四郡〕을 설치하였다. 소제昭帝는 평나와 현도로써 평주平州를 만들고, 임둔과 낙랑으로써 동부의 두 도독부都督府를 만들었다.

箕準이 **避衛滿**하여 **浮海而南**하여 **居金馬郡**하니 **是爲馬韓**이라 **秦亡人**이 **避入韓**이어늘 **韓**이 **割東界**하여 **以與**하니 **是爲辰韓**이라 **弁韓則立國於韓地**하니 **不知其始祖年代**라 **是爲三韓**이라

기준箕準이 위만을 피하여 바다를 항해해서 남쪽으로 가 금마군金馬郡에 거하니, 이것이 마한馬韓이 되었다. 진秦나라에서 망명한 사람이 피신하여 한韓나라로 들어오거늘 한나라가 동쪽 경계를 분할하여 주니, 이것이 진한辰韓이 되었다. 변한弁韓은 한나라 땅에 나라를 세우니, 그 시조와 연대는 알지 못한다. 이를 삼한三韓이라 한다.

滿:가득할 **만**　盧:성 **로**　綰:인끈 **관**　誘:달랠 **유**　逐:쫓을 **축**　準:법 **준**　據:웅거할 **거**
儉:검소할 **검**　渠:개천 **거**　討:칠 **토**　滅:멸할 **멸**　臨:임할 **림**　屯:둔칠 **둔**
菟:고을이름 **도**　蕃:많을 **번**　昭:밝을 **소**　那:어찌 **나**　府:마을 **부**　督:감독할 **독**
避:피할 **피**　浮:뜰 **부**　割:벨 **할**　界:경계 **계**　與:줄 **여**　弁:고깔 **변**

어법

▣ 是 ‖ 爲 / 馬韓(SPC) : 이것이 마한이 되다.

▣ 弁韓則 ‖ 立 | 國 / 於韓地(SPOC) : 변한이 한나라 땅에 나라를 세우다.

→ 〔則〕은 주격 어기사이다.

新羅始祖赫居世는 **都辰韓地**하여 **以朴**으로 **爲姓**하고 **高句麗始祖朱蒙**은 **至卒本**하여 **自稱高辛之後**로라하여 **因姓高**하고 **百濟始祖溫祚**는 **都河南慰禮城**하여 **以扶餘**로 **爲氏**하여 **三國**이 **各保一隅**하여 **互相侵伐**하더니

신라의 시조 혁거세赫居世는 진한 땅에 도읍하여 박씨로써 성을 삼았고, 고구려의 시조 주몽朱蒙은 졸본卒本에 이르러 고신씨高辛氏의 후손이라고 칭하고는 인하여 성을 고씨라 하였고, 백제의 시조 온조溫祚는 하남河南 위례성慰禮城에 도읍하여 부여扶餘로써 성씨를 삼아, 세 나라가 각기 한 귀퉁이를 차지하여 서로 침략하고 정벌하더니,

어법

▣ 新羅始祖 赫居世 ‖ 都 / 辰韓 地(DSPDC) : 신라 시조 혁거세는 진한의 땅에 도읍하다.

▣ 以朴 爲 / 姓(APC) : 박씨로써 성을 삼다.

其後에 **唐高宗**[17]이 **滅百濟高句麗**하고 **分其地**하여

赫 : 빛날 **혁**　都 : 도읍 **도**　朴 : 질박할 **박**　句 : 글귀 **구**　麗 : 빛날 **려**　稱 : 일컬을 **칭**
辛 : 매울 **신**　濟 : 건널 **제**　祚 : 복 **조**　慰 : 위로할 **위**　扶 : 붙들 **부**　餘 : 남을 **여**
保 : 보전할 **보**　隅 : 모퉁이 **우**　互 : 서로 **호**　侵 : 침노할 **침**　伐 : 칠 **벌**

置都督府하여 **以劉仁願, 薛仁貴**로 **留鎭撫之**하니 **百濟**는 **歷年**이 **六百七十八年**이요 **高句麗**는 **七百五年**이라

17 唐高宗 : 일본一本에는 당 고조唐古祖로 되어 있으나, 오기誤記이다.

그 뒤에 당나라 고종이 백제와 고구려를 멸망시키고, 그 땅을 나누어 도독부를 설치하여 유인원劉仁願과 설인귀薛仁貴로써 머물러 있으면서 진무鎭撫하게 하니, 백제는 역년이 678년이요, 고구려는 705년이었다.

어법

▣ 唐高宗 ‖ 滅 | 百濟 高句麗, 分 | 其地(DSPO, PDO) : 당나라 고종이 백제와 고구려를 멸망시키고, 그 땅을 나누다.

新羅之末에 **弓裔叛于北京**하여 **國號**를 **泰封**이라하고 **甄萱**이 **叛據完山**하여 **自稱後百濟**로라하다 **新羅亡**하니 **朴昔金三姓**이 **相傳**하여 **歷年**이 **九百九十二年**이라

신라 말기에 궁예弓裔가 북경에서 반란을 일으켜 국호를 태봉泰封이라 하였고, 견훤甄萱이 반란을 일으켜 완산完山을 점거하고 후백제後百濟라 자칭하였다. 신라가 멸망하니, 박씨·석씨·김씨 세 성이 서로 전위傳位하여 역년이 992년이었다.

어법

▣ 甄萱 ‖ 叛, 據 | 完山, 自稱 / 後百濟(SP, PO, APC) : 견훤이 반란을 일으켜 완산을 점거하고 후백제라 스스로 일컫다.

置 : 둘 **치** 劉 : 묘금도 **유** 薛 : 성 **설** 留 : 머물 **류** 鎭 : 진압할 **진** 末 : 끝 **말**
撫 : 어루만질 **무** 裔 : 옷깃 **예** 叛 : 배반할 **반** 泰 : 클 **태** 封 : 봉할 **봉** 甄 : 질그릇 **견**, 성 **진**
萱 : 원추리 **훤** 據 : 웅거할 **거** 完 : 완전할 **완**

泰封諸將이 **立麗祖**[18]하여 **爲王**하니 **國號**를 **高麗**라하여 **剋殘群凶**하고 **統合三韓**하여 **移都松嶽**이러시니 **至于季世**하여 **恭愍**이 **無嗣**하고 **僞主辛禑**가 **昏暴自恣**하며 **而恭讓**[19]이 **不君**하여 **遂至於亡**하니 **歷年**이 **四百七十五年**이라

18 麗祖 : 저본에는 '왕건王建'으로 되어 있으나, 옛날에는 이름을 직접 부르는 것을 꺼려하여 뒤에 '여조麗祖'로 고쳤으므로, 후간본後刊本에 의거하여 수정하였다.

19 恭讓 : 저본에는 '왕요王瑤'로 되어 있으나, 위의 '여조麗祖'의 경우와 같이 '공양恭讓'으로 고쳤으므로 후간본後刊本에 의거하여 수정하였다.

태봉의 여러 장수들이 고려 태조를 세워 왕으로 삼으니, 국호를 고려라 하였다. 모든 간흉姦兇들을 제거하고 삼한을 통합하여 송악松嶽으로 도읍을 옮기셨는데, 말엽에 이르러 공민왕恭愍王은 후사後嗣가 없고, 가짜 임금인 신우辛禑는 어둡고 포악하고 스스로 방자했으며, 공양왕恭讓王은 임금 노릇을 못하여 마침내 망함에 이르니, 역년이 475년이었다.

어법

▣ 剋殘 | 群凶, 統合 | 三韓, 移 | 都 / 松嶽(PDO, PDO, POC) : 모든 간흉을 제거하고 삼한을 통일하여 도읍을 송악으로 옮기다.

天命이 **歸于眞主**하니 **大明太祖高皇帝賜改國號曰朝鮮**이어시늘 **定鼎于漢陽**[20]하사 **聖子神孫**이 **繼繼**

剋 : 이길 **극** 殘 : 제거할 **잔** 群 : 무리 **군** 兇 : 흉할 **흉** 移 : 옮길 **이** 嶽 : 뫼부리 **악**
愍 : 민망할 **민** 嗣 : 아들 **사**; 잇다 僞 : 거짓 **위** 禑 : 복 **오 / 우** 昏 : 어두울 **혼** 暴 : 사나울 **포**
恣 : 방자할 **자** 遂 : 드디어 **수** 主 : 임금 **주** 賜 : 줄 **사** 鼎 : 솥 **정**

繩繩하사 **重熙累洽**하사 **式至于今**하시니 **實萬世無疆之休**샷다

20 定鼎于漢陽 : 정鼎은 보정寶鼎으로, 중국中國의 역대 제왕들은 나라를 세우고 도읍을 정하면 이 보정을 새로운 도읍으로 옮겨갔기 때문에 수도를 상징하는 말로 쓰이게 되었다.

천명天命이 진짜 군주〔眞主 : 태조 이성계〕에게 돌아가니, 명나라 태조 고황제가 나라 이름을 고쳐 주어 조선朝鮮이라고 하였다. 그리하여 한양에 도읍을 정하고 신성神聖한 자손들이 끊임없이 계승하여 거듭 빛나고 여러 번 화흡和洽하여 지금에 이르시니, 실로 만세에 끝이 없는 아름다움이시다.

어법

▣ 天命 ‖ 歸 / 于眞主(DSPC) : 하늘의 명이 진짜 군주에게 돌아가다.

▣ 定 | 鼎 / 于漢陽(POC) : 도읍을 한양에 정하다.

於戲(오호)라 **我國**이 **雖僻在海隅**하여 **壤地褊小**하나 **禮樂法度**와 **衣冠文物**을 **悉遵華制**하여 **人倫**이 **明於上**하고 **教化 行於下**하여 **風俗之美**가 **侔擬中華**하니 **華人**이 **稱之曰小中華**라하니 **玆豈非箕子之遺化耶**리오 **嗟爾小子**는 **宜其觀感而興起哉**인저

아! 우리나라는 비록 궁벽하게 바다 귀퉁이에 있어서 땅이 좁고 작으나 예악

繩 : 노끈 승　重 : 거듭 중　熙 : 밝을 희　累 : 여러 루　洽 : 젖을 흡　式 : 법 식, 써 식　世 : 대 세
疆 : 지경 강 ; 끝　休 : 아름다울 휴　於 : 감탄할 오　戲 : 슬플 호　僻 : 궁벽할 벽　隅 : 모퉁이 우
壤 : 흙덩이 양　褊 : 좁을 편　樂 : 음악 악　度 : 법도 도　悉 : 다 실　遵 : 좇을 준　華 : 중화 화
制 : 법 제　侔 : 견줄 모　擬 : 견줄 의　玆 : 이 자　遺 : 끼칠 유 ; 남기다　耶 : 어조사 야
嗟 : 감탄할 차　爾 : 너 이　宜 : 마땅할 의　觀 : 볼 관　感 : 감동할 감　起 : 일어날 기

과 법도와 의관과 문물을 모두 중국의 제도를 따라, 인륜이 위에 밝고 교화가 아래에 행해져서 풍속의 아름다움이 중국에 비견될 만하다. 그리하여 중국인이 작은 중화中華라 칭찬하니, 이 어찌 기자箕子가 남긴 교화가 아니겠는가. 아! 여러 어린이들은 마땅히 이것을 보고 감동하여 흥기(분발)하여야 할 것이다.

어법

- 於戱: 아!, 감탄사
- 我國 ‖ 雖僻在 / 海隅, 壤地 ‖ 褊小(DSAPDC, SP): 우리나라가 비록 궁벽하게 바다 귀퉁이에 있어서 땅이 좁고 작으나,
- 教化 ‖ 行 / 於下(SPC): 교화가 아래에 행해지다.
- 風俗之 美 ‖ 侔擬 / 中華(DSPC): 풍속의 아름다움이 중국에 비견될 만하다.
- 豈非 ~耶: 어찌 ~이 아니겠는가?
  → 玆豈非箕子之遺化耶: 이 어찌 기자가 남긴 교화가 아니겠는가?

御製序

夫此書는 卽東儒所撰也라 總冠以五倫하고 復以父子君臣夫婦長幼朋友로 列之于次하고 而其自太極肇判으로 三皇五帝 夏殷周漢唐宋 以至皇朝히 歷代世系를 纖悉備錄하고 逮夫我東에 始檀君, 歷三國하야 至于我朝히 亦爲俱載하니 文雖約而錄則博하고 卷雖小而包則大라 其況堯舜之道는 孝弟而已라 舜之命契하사대 以五品爲重하시니 此文之冠以五倫者 其意宏矣로다

이 책은 바로 우리나라 선비가 지은 것이다. 앞에는 오륜五倫을 총론으로 놓고, 다시 부자父子, 군신君臣, 부부夫婦, 장유長幼, 붕우朋友의 도리를 다음에 열거하였으며, 태극太極이 처음 나뉨으로부터 삼황三皇·오제五帝와 하夏·은殷·주周·한漢·당唐·송宋을 지나 황조皇朝(明)에 이르기까지 역대의 세계世系를 상세히 갖추어 기록하고, 우리나라에 대해서는 단군檀君으로부터 시작하여 삼국시대를 지나 우리 조선조에 이르기까지 또한 모두 기록하였으니, 글은 비록 간략하나 기록된 내용은 넓고, 책은 비록 작으나 포함된 것은 크다.

더구나 요순堯舜의 도道는 효도와 공경일 뿐이다. 순임금이 설契을 명령하시되 오품五品〔五倫〕을 중시하였으니, 이 책에서 오륜을 맨 앞에 놓은 것은 그 뜻이 깊다 하겠다.

噫라 **孝於親然後**에 **忠於君**하고 **弟于兄然後**에 **敬于長**하나니 **以此觀之**컨대 **五倫之中**에 **孝弟爲先**이라 **雖然**이나 **詩贊文王曰 於**(오)**緝熙敬止**샷다하니 **敬者**는 **成始終徹上下之工夫也**라 **故**로 **大學要旨**는 **卽敬字也**요 **中庸要旨**는 **卽誠字也**니 **誠敬**이 **亦於學問**에 **車兩輪, 鳥兩翼者也**라 **今予於此書**에 **以誠敬二字**로 **冠于篇首**하노니 **誠然後**에야 **能免書自我自**오 **敬然後**에야 **可以欽體欽遵**이니 **學者 豈可忽乎哉**아

아! 부모에게 효도한 뒤에야 임금에게 충성하고, 형에게 공경한 뒤에야 윗사람을 공경하는 것이니, 이것으로써 관찰한다면 오륜의 한가운데에 효도와 공경이 최우선인 것이다.

그러나 ≪시경詩經≫에 문왕文王을 칭찬하여 이르기를 "아! 계속하고 밝혀서 공경하셨다." 하였으니, 경敬이란, 시始와 종終을 이루고 상上과 하下를 통하는 공부이다. 그러므로 ≪대학大學≫의 요지要旨는 경敬이고, ≪중용中庸≫의 요지는 성誠이니, 성과 경은 학문에 있어 비유하면 수레의 두 바퀴와 같고 새의 두 날개와 같은 것이다. 이제 나는 이 책에서 성誠·경敬 두 글자를 가지고 책머리에 놓으니, 성을 한 뒤에야 '책은 책대로, 나는 나대로인 병폐'를 면할 수 있고, 경을 한 뒤에야 공경히 체행體行하고 공경히 따를 수 있는 것이니, 배우는 자들이 이것을 소홀히 할 수 있겠는가.

予 又於卷下國初開創受號朝鮮之文에 **慨然**

追慕하야 **三復興感也**하노라 **噫**라 **繼繼承承**하사 **重熙累洽**이 **寔是至仁盛德**과 **深恩隆惠**가 **垂裕後昆之致**시니 **繼體之君**이 **式體至德**하야 **兢兢業業**하야 **誠心調劑**하야 **至于蕩蕩**하며 **誠心愛民**하야 **永保元元**이면 **則吾國**이 **其庶幾也**며 **吾國**이 **其庶幾也**인저

나는 또 책 끝의 국초國初에 개국開國하고 조선朝鮮이란 국호를 받은 글에 대하여, 개연慨然히 추모해서 세 번 반복하여 읽고 감회를 일으켰노라. 아! 계계승승繼繼承承하시어 거듭 빛나고 여러 번 화흡和洽함은 실로 선왕先王의 지극한 인덕仁德과 깊은 은혜가 후손들에게 법을 남겨주시어 이룩된 것이니, 뒤를 잇는 군주들이 지극한 덕을 체행하여, 조심하고 두려워하여 성심으로 조화를 이루어 탕탕蕩蕩(公平)함에 이르며, 성심으로 백성들을 사랑하여 길이 원원元元(백성)을 보호한다면 우리나라는 거의 다스려질 것이며, 우리나라는 거의 다스려질 것이다.

且我東禮義 雖因箕聖之敎化나 **三韓以後**에는 **幾乎泯焉**이러니 **入于我朝**하야 **禮樂**이 **畢擧**하고 **文物**이 **咸備**하니 **惜乎**라 **述者之猶遺乎此哉**여 **嗟爾小子**아 **益加勉旃也夫**인저

또 우리나라의 예의禮義는 비록 기자箕子의 교화에 따른 것이나 삼한三韓 이후에는 거의 없어지고 말았는데, 우리 조선조에 들어와 예악禮樂이 모두 거행

되고 문물文物이 다 구비되었는 바, 작자가 이것을 빠뜨리고 기록하지 않은 것이 애석하다. 아! 소자小子들은 더욱 노력할지어다.

時玄黙閹茂朝月上浣에 命芸館而廣印하고 作序文於卷首하노라

현익엄무玄黙閹茂(임술년, 1742) 조월朝月(정월) 상순上旬에 운관芸館(校書館)에게 명하여 널리 인쇄해서 반포하게 하고 책머리에 서문을 쓰노라.

跋文

孟子曰 讀其書하고 誦其詩하되 不知其人이 可乎아하시니라 余幼時에 見人家子弟初學者 無不以是書爲先하되 而第不知出於何人之手矣러니 今朴上舍廷儀氏 來謂余曰 此는 吾高祖諱世茂之所編也라하니 余不覺驚喜曰 今日에 始知其人矣와라

맹자孟子께서 말씀하시기를 "그의 글을 읽고 그의 시를 읽으면서도 그 사람을 알지 못한다면 되겠는가." 하셨다.

내가 어릴 때에 남의 집안 자제들을 보니, 초학자들이 모두 이 책을 제일 먼저 배우되, 다만 어느 분의 손에서 나온 것인지를 알지 못하였다.

이제 박상사 정의朴上舍廷儀씨가 나와 나에게 말하기를 "이것은 저희 고조高祖이신 휘諱 세무世茂께서 엮으신 것입니다." 하였다. 나는 자신도 모르게 놀라고 기뻐하여 "오늘에야 비로소 그 사람을 알았노라." 하였다.

公은 爲明廟朝名臣이라 其學問有淵源하고 而門路亦甚正하니 觀於此編하면 則可知矣라 其該括約說이 無非學問中體認一大公案이요

而所序歷代는 又史家之總目也라 或疑編內所輯理氣性命等說은 非童學所能知라하나 此則不知作者本意所在也라 朱子嘗論仁說曰 此等名義는 古人之敎 自小學之時로 已有白直分明訓說하여 得知此道理를 不可不著實踐履니 所以實造其地位也라 若茫然理會不得이면 則其所以求之者 乃其平生所不識之物이니 復何所向望慕愛而知所以用其力耶아하시니 今之童學이 略識諸般名義界限하여 終有所歸宿者는 必於此書而得之리니 其功이 豈不大哉아 竊聞今上殿下每臨筵에 喜說此書라하니 睿學之明이 其必有以識此矣시리라

공公은 명종明宗 때의 명신名臣이시다. 학문에 연원淵源(전통)이 있고 문로文路 또한 매우 바르니, 이 책을 보면 알 수 있다. 그 내용이 포괄적이면서도 요약하여 말하였으니, 이는 모두가 학문 가운데 직접 체인體認한 일대공안一大公案이요, 차례로 서술한 역대의 사실은 또 사가史家의 총목總目인 것이다.

혹자는 이 책에 편집된 이기 성명理氣性命 등의 말은 아이들이 알 수 있는 바가 아니라고 의심하나, 이는 작자의 본의의 소재所在를 알지 못한 것이다.

주자朱子는 일찍이 인설仁說을 논하며 말씀하기를 "이러한 등의 명칭은, 고인古人의 가름침은 소학 때로부터 이미 〈이러한 명칭을〉 명백직절明白直截하게 분

명히 해설함이 있어서, 이러한 도리를 착실히 실천하지 않으면 안 된다는 사실을 알고 있었으니, 이 때문에 실제로 그 지위(경지)에 나아갔던 것이다. 만일 까마득히 알지 못한다면 그가 찾는 것은 바로 평소에 알지 못하는 일일 것이니, 어찌 다시 향망向望하고 애모愛慕하여 힘쓸 바를 알겠는가." 하였다.

지금 배우는 아이들이 제반의 명칭과 구분을 대략 알아서 끝내 귀결歸結하는 바가 있음은 반드시 이 책에서 얻어질 것이니, 그 공이 어찌 크지 않겠는가.

내 듣자옵건대, 이제 성상聖上께서 경연經筵에 납실 때마다 이 책을 말씀하시기 좋아하신다 하니, 성상의 밝으신 학문이 반드시 이 점을 아시기 때문일 것이다.

公의 **字**는 **景藩**이요 **咸陽人**이니 **登第**하여 **始爲翰林**하고 **官止監正**하니라 **蘇齋盧相公守愼**이 **以嘗著此書, 訓其子弟**로 **載公墓碣云**이라

공의 자字는 경번景蕃이요, 함양인咸陽人이니, 처음 과거에 급제하여 한림翰林(藝文館의 관원)이 되었고 벼슬이 감정監正에 이르렀다. 소재蘇齋 노상공 수신盧相公守愼은 '공이 일찍이 이 책을 저술하여 자제들을 가르쳤다.'고 공의 묘갈墓碣에 기록하였다.

崇禎紀元之商橫閹茂陽月日에 **恩津宋時烈**은 **謹跋**하노라

숭정崇禎 기원 후紀元後 상횡엄무商橫閹茂(경술년, 1670) 양월陽月(10월) 일日에 은진恩津 송시열宋時烈은 삼가 발문을 쓰다.

擊蒙要訣

譯註 成 百 曉
語法 安 載 澈

擊蒙要訣 序

人生斯世에 非學問이면 無以爲人이니 所謂學問者는 亦非異常別件物事也라 只是爲父當慈, 爲子當孝, 爲臣當忠, 爲夫婦當別, 爲兄弟當友, 爲少者當敬長, 爲朋友當有信이니 皆於日用動靜之間에 隨事各得其當而已요 非馳心玄妙하여 希覬奇效者也라 但不學之人은 心地茅塞하고 識見茫昧라 故로 必須讀書窮理하여 以明當行之路然後에 造詣得正而踐履得中矣리라 今人은 不知學問이 在於日用하고 而妄意高遠難行이라 故로 推與別人하고 自安暴棄[1]하니 豈不可哀也哉아

1 自安暴棄 : 暴는 害하는 것이며 棄는 버리는 것으로 暴棄는 自暴自棄의 뜻인바, 道德을 부정하는 것을 自暴라 하고, 의지가 약하여 스스로 포기하는 것을 自棄라 한다.

사람이 이 세상에 태어나, 학문學問이 아니면 올바른 사람이 될 수 없으니, 이른바 학문이라는 것은 또한 이상하고 별다른 사물事物이 아니다. 다만 아버

擊:칠 **격**　蒙:어릴 **몽**　要:중요할 **요**　訣:말씀 **결**　斯:이 **사**　慈:사랑할 **자**
長:어른 **장**　靜:고요할 **정**　隨:따를 **수**　馳:달릴 **치**　妙:묘할 **묘**　覬:바랄 **기**
茅:띠풀 **모**　塞:막힐 **색**　茫:아득할 **망**　昧:어두울 **매**　窮:궁구할 **궁**　造:나아갈 **조**
詣:나아갈 **예**　踐:밟을 **천**　履:밟을 **리**　妄:망령될 **망**　暴:사나울 **포**　棄:버릴 **기**

지가 되어서는 마땅히 사랑하고, 자식이 되어서는 마땅히 효도하고, 신하가 되어서는 마땅히 충성하고, 부부가 되어서는 마땅히 분별이 있고, 형제가 되어서는 마땅히 우애하고, 젊은이가 되어서는 마땅히 어른을 공경하고, 붕우朋友(친구)가 되어서는 마땅히 신의가 있어야 하는 것이다. 이것은 모두 날마다 생활하고 동정動靜하는 사이에 일에 따라 각기 그 마땅함을 얻을 따름이요, 마음을 현묘玄妙한 데로 달려 신기한 효과를 바라는 것이 아니다.

다만 배우지 않은 사람은 마음이 꽉 막히고 식견識見이 어둡다. 그러므로 반드시 책을 읽고 이치를 궁구하여 마땅히 행하여야 할 길을 밝힌 뒤에야 학문의 조예造詣가 올바름을 얻고 실천함이 중도中道를 얻게 될 것이다.

지금 사람들은 학문이 일상 생활에 있음을 알지 못하고, 망녕되이 높고 멀어서 행하기 어려운 것이라고 생각한다. 그러므로 이것을 딴 사람에게 미루고 스스로 자포자기自暴自棄함을 편안히 여기니, 어찌 슬프지 않겠는가.

어법

▣ 造詣(S) ‖ 得(P) | 正(O) ┐
而 : (학문의 조예가 올바름을 얻다.) 그리고 (실천함이 중도를 얻다.)
踐履(S) ‖ 得(P) | 中(O) ┘

▣ 〔非~也〕: ~이 아니다, ~하지 못하다(부정형). 부정사 '非'가 명사류와 연결되어 '부정형'을 이룬다.

▣ 所謂學問者 亦非異常別件物事也 : 이른바 학문이라는 것은 또한 이상하고 별다른 사물이 아니다.

▣ 〔非~無〕: ~아니면 ~할 수 없다(가정형). 부정사가 두 번 연결되어 '가정형'을 이루기도 한다.

→ 人生斯世 非學問 無以爲人 : 사람이 이 세상에 태어나 학문이 아니면 올바른 사람이 될 수 없다.

▣ 〔豈~也哉〕: 어찌~하겠는가?(반어형). 반어사 '豈'가 반어어기사 '也哉'와 호응하여 '반어형'을 이룬다.

→ 豈不可哀也哉 : 어찌 슬프지 않겠는가?

▣ 於(전치사) : ~에(서), ~에 대하여(처소, 대상, 방법 등)

→ 於日用動靜之間 : 날마다 생활하고 動靜하는 사이에

▣ ~而已(종결어기사) : ~일 따른(뿐)이다.
→ 隨事各得其當而已 : 일에 따라 각기 그 마땅함을 얻을 따름이다.
▣ ~以(之)~(전치사) : ~(그것으로)써 ~하다.
→ 以明當行之路 : (그것으로)써 마땅히 행해야 할 길을 밝히다.
▣ ~矣(종결어기사) : ~(이)다.
→ 踐履得中矣 : 실천함이 中道를 얻게 될 것이다.
▣ ~故(접속사) : ~고로, ~까닭에
▣ 與~(전치사) : ~에게(대상)
→ 推與別人 : 다른 사람에게 미루다.

余定居海山之陽할새 **有一二學徒 相從問學**하니 **余慙無以爲師**요 **而且恐初學**이 **不知向方**하고 **且無堅固之志而泛泛請益**이면 **則彼此無補**하고 **反貽人譏**라 **故**로 **略書一冊子**하여 **粗敍立心飭躬奉親接物之方**하고 **名曰擊蒙要訣**이라하여 **欲使學徒觀此**하고 **洗心立脚**하여 **當日下功**하고 **而余亦久患因循**[2]하여 **欲以自警省焉**하노라

丁丑季冬에 **德水李珥**는 **書**하노라

2 因循 : 그날그날 세월을 보내며 구태의연하게 생활함을 이른다.

내가 해산海山(海州)의 남쪽에 거처를 정하자, 한두 명의 학도學徒가 서로 따라와 묻고 배우니, 나는 그들의 스승이 될 수 없음을 부끄럽게 여겼으며, 또 처음 배우는 이가 향방을 알지 못하고, 또 굳은 뜻이 없으면서 범연泛然히 더 배

慙 : 부끄러울 **참** 泛 : 범범할 **범** 貽 : 줄 **이**; 끼치다 譏 : 기롱할 **기** 粗 : 대강 **조** 敍 : 펼 **서**
飭 : 삼갈 **칙** 躬 : 몸 **궁** 洗 : 씻을 **세** 脚 : 다리 **각** 循 : 따를 **순** 警 : 일깨울 **경** 省 : 살필 **성**
季 : 끝 **계** 珥 : 귀걸이옥 **이**

우기를 청하면 피차에 도움이 없고 도리어 남의 비방을 살까 두려웠다. 그러므로 간략하게 한 책자를 써서 뜻을 세우고 몸을 삼가며, 어버이를 받들고 남을 대하는 방법을 대강 서술敍述하고 이름을 ≪격몽요결擊蒙要訣≫이라 하여, 학도들로 하여금 이것을 보고 마음을 씻고 다리를 세워 당일當日로 공부에 착수하게 하려고 하였으며, 나 또한 오랫동안 인순因循함을 근심하여 이로써 스스로 경계하고 살피고자 하노라.

정축년(1557) 계동季冬(섣달)에 덕수德水 이이李珥는 쓰노라.

어법

▣ 余 ‖ 定 | 居 / 海山之 陽(S‖P | O / D C) : 내가 해산의 남쪽에 거처를 정하다.

▣ ~則~ : ~하면 ~하다(가정형). '則'은 접속사로 '~하면 ~하다'의 뜻을 지니며 '가정형'의 구조를 이룬다.

→ 無堅固之志而泛泛請益 則彼此無補 : 굳은 뜻이 없으면서 범연히 더 배우기를 청하면 피차에 도움이 없다.

▣ 使~ : ~로 하여금 ~하게 하다(~시키다)(사역형). 사역동사 '使'가 '使+명사류+동사'의 '사역형'의 구조를 이룬다.

→ 欲使學徒觀此 洗心立脚 : 학도들로 하여금 이것을 보고 마음을 씻고 다리를 세우게 하다.

▣ 而(且)(접속사) : 그리고, 또

→ 余慙無以爲師 而且恐初學 不知向方 : 나는 〈그들의〉 스승이 될 수 없음을 부끄러워하였으며 또 처음 배우는 이가 향방을 알지 못할까 두려웠다.

▣ 焉(종결어기사) : ~(하)다.

→ 欲以自警省焉 : (이것으로)써 스스로 경계하고 살피고자 한다.

立志章 第一

初學이 **先須立志**하되 **必以聖人自期**하여 **不可有一毫自小退託之念**이니라 **蓋衆人與聖人**이 **其本性則一也**라 **雖氣質**은 **不能無淸濁粹駁之異**나 **而苟能眞知實踐**하여 **去其舊染而復其性初**면 **則不增毫末而萬善具足矣**리니 **衆人**이 **豈可不以聖人自期乎**아 **故**로 **孟子道性善**하시되 **而必稱堯舜以實之曰 人皆可以爲堯舜**이라하시니 **豈欺我哉**시리오

처음 배우는 이는 먼저 모름지기 뜻을 세우되, 반드시 성인聖人으로써 스스로 기약期約하여, 한 털끝만치라도 자신을 작게 여기고 핑계대려는 생각을 두지 말아야 한다. 중인衆人과 성인聖人이 그 본성은 똑같다. 비록 기질은 맑고 흐림과 순수하고 잡됨의 차이가 없지 못하나, 만일 진시로 알고 실천하여 옛날에 물든 나쁜 습관을 버리고 그 본성의 처음을 회복한다면 털끝만큼을 보태지 않더라도 온갖 선善이 갖추어져 넉넉할 것이니, 중인들이 어찌 성인으로써 스스로 기약하지 않겠는가. 그러므로 맹자孟子께서는 인성人性의 선善함을 말씀하시되 반드시 요堯임금과 순舜임금을 일컬어 실증實證하시며 말씀하시기를 "사람은 모두 요임금과 순임금처럼 될 수 있다."고 하셨으니, 어찌 우리를 속이셨겠는가?

須: 모름지기 **수**　期: 기약할 **기**; 바라다　毫: 터럭 **호**　託: 칭탁할 **탁**　蓋: 대개 **개**
粹: 순수할 **수**　駁: 잡될 **박**　苟: 진실로 **구**; 만일　染: 물들 **염**　孟: 맏 **맹**　道: 말할 **도**
堯: 임금 **요**　舜: 임금 **순**　欺: 속일 **기**

어법

▣ 人‖皆 可以爲 / 堯舜(S‖AP / C): 사람은 다 요순처럼 될 수 있다.

▣ 〔苟~ 則~〕: 진실로 ~한다면 ~하다(가정형). 접속사 '苟'와 '則'이 호응하여 '가정형'을 이룬다.

→ 苟能眞知實踐 去其舊染而復其性初 則不增毫末而萬善具足矣: 만일 진실로 알고 실천하여 옛날에 물든 나쁜 습관을 버리고 그 본성의 처음을 회복한다면 털끝만큼을 보태지 않더라도 온갖 선이 갖추어져 넉넉할 것이다.

▣ 不: ~하지 말라(금지형). 부정사 '不'이 문장에 쓰여 '금지형'을 이룬다.

→ 初學 先須立志 必以聖人自期 不可有一毫自小退託之念: 처음 배우는 이는 먼저 모름지기 뜻을 세우되 반드시 성인으로써 스스로 기약할 것이요, 한 털끝만치라도 자신을 작게 여기고 핑계대려는 생각을 두지 말아야 한다.

▣ 〔豈~ 哉〕: 어찌 ~하리오?(반어형). 반어사 '豈'가 반어어기사 '哉'와 호응하여 '반어형'을 이룬다.

→ 人皆可以爲堯舜 豈欺我哉: 사람은 다 요임금과 순임금처럼 될 수 있다 하셨으니, 어찌 우리를 속이셨겠는가?

▣ 與(접속사): ~와(과)

→ 衆人與聖人: 중인과 성인

▣ 則(부사): 곧, 바로

→ 其本性則一也: 그 본성은 바로(곧) 한 가지이다.(똑같다)

▣ 雖(접속사): 비록 ~일지라도

→ 雖氣質 不能無淸濁粹駁之異: 비록 기질은 맑고 흐리고 순수하고 잡됨의 차이가 없지 못하더라도(없을 수 없더라도, 없지 아니하더라도)

▣ 乎(의문, 반어어기사): ~(하겠)는가?

→ 豈可不以聖人自期乎: 어찌 성인으로써 스스로 기약하지 아니하겠는가?

當常自奮發曰 人性本善하여 **無古今智愚之殊**어늘 **聖人**은 **何故獨爲聖人**이며 **我則何故獨爲衆人耶**아

奮: 떨칠 **분**　智: 지혜 **지**　愚: 어리석을 **우**　殊: 다를 **수**

良由志不立, 知不明, 行不篤耳라 **志之立, 知之明, 行之篤**이 **皆在我耳**니 **豈可他求哉**리오 **顔淵曰 舜何人也**며 **予何人也**오 **有爲者 亦若是**라하시니 **我亦當以顔之希舜爲法**이니라

마땅히 항상 스스로 분발하여 말하기를, "사람의 본성은 본래 선善하여 고금古今(옛날과 지금)과 지우智愚(지혜로운 자와 어리석은 자)의 차이가 없거늘, 성인은 무슨 연고로 홀로 성인이 되시며, 나는 무슨 연고로 홀로 중인이 되었는가. 이는 진실로 뜻을 세우지 못하고 아는 것이 밝지 못하고 행실이 독실篤實하지 못함에서 말미암은 것일 뿐이다. 뜻을 세우고 아는 것을 밝게 하고 행실을 독실히 하는 것은 모두 나에게 달려 있으니, 어찌 다른 데서 구하겠는가. 안연顔淵이 말씀하기를 '순임금은 어떤 사람이며, 나는 어떤 사람인가. 함이 있는 자는 또한 이와 같다.' 하셨으니, 나 또한 마땅히 안연이 순임금을 바란 것으로써 법을 삼아야 한다."고 해야 할 것이다.

어법

▣ 有爲 者‖亦若 / 是(DS‖AP / C) : 함이 있는 자는 또한 이와 같다.

▣ 耳 : ~뿐(따름)이다(한정형). '耳'가 종결어기사로 쓰여 '한정형'을 이룬다.
→ 志之立 知之明 行之篤 皆在我耳 : 뜻을 세우고 아는 것을 밝게 하고 행실을 독실히 하는 것이 모두 나에게 있을 뿐이다.

▣ 〔何~也〕: 무슨(어떤) ~인가?(의문형). 의문사 '何'가 의문어기사 '也'와 호응하여 '의문형'을 이룬다.
→ 予何人也 : 나는 어떤 사람인가?

▣ 則(부사) : 바로, 곧
→ 我則何故獨爲衆人耶 : 나는 (곧) 무슨 까닭에 홀로 평범한 사람이 되었는가?

▣ 以(전치사) : ~(으)로써(기구, 도구)
→ 以顔之希舜 : 안연이 순임금을 바라는 것으로써

良 : 진실로 **량** 篤 : 도타울 **독** 顔 : 얼굴 **안** 淵 : 못 **연** 予 : 나 **여** 希 : 바랄 **희**

人之容貌는 **不可變醜爲姸**이며 **膂力**은 **不可變弱爲强**이며 **身體**는 **不可變短爲長**이니 **此則已定之分**이라 **不可改也**어니와 **惟有心志**는 **則可以變愚爲智**하며 **變不肖爲賢**이니 **此則心之虛靈**이 **不拘於稟受故也**라 **莫美於智**하며 **莫貴於賢**이어늘 **何苦而不爲賢智**하여 **以虧損天所賦之本性乎**아 **人存此志**하여 **堅固不退**면 **則庶幾乎道矣**리라

사람의 용모는 추한 것을 변하여 예쁘게 할 수 없으며, 체력은 약한 것을 변하여 강하게 할 수 없으며, 신체는 짧은 것을 변하여 길게 할 수 없으니, 이것은 이미 정해진 분수分數라 고칠 수 없거니와 오직 마음과 뜻에 있어서는 어리석은 것을 변하여 슬기롭게 하며, 불초不肖한 것을 변하여 어질게 할 수 있으니, 이것은 마음의 허령虛靈함이 타고난 분수에 구애되지 않기 때문이다. 지혜보다 아름다운 것이 없으며, 어짊보다 귀한 것이 없거늘 무엇이 괴로워서 어짊과 지혜로움을 하지 아니하여 하늘이 주신 바의 본성을 훼손하는가. 사람들이 이러한 뜻을 마음에 두어 굳게 지키고 물러서지 않는다면 거의 도道에 가까울 것이다.

어법

▣ 〔何~ 乎〕: 어찌하여 ~하리오(반어형). 반어사 '何'가 반어어기사 '乎'와 호응하여 '반어형'을 이룬다.

→ 何苦而不爲賢智 以虧損天所賦之本性乎: 무엇이 괴로워서 어짊과 지혜로움을 하지 아니하여 하늘이 주신 바의 본성을 손상하는가?

▣ ~則~: (만약) ~한다면 ~할 것이다.(가정형)

→ 人存此志 堅固不退 則庶幾乎道矣: 사람들이 이러한 뜻을 두어 굳게 지키고 물러서지 않는다면 도에 거의 가까울 것이다.

貌: 모양 **모**　醜: 추할 **추**　姸: 고울 **연**　膂: 힘 **려**　肖: 어질 **초**　靈: 신령 **령**　拘: 거리낄 **구**
稟: 받을 **품**　虧: 이지러질 **휴**　損: 덜 **손**　賦: 받을 **부**; 주다　庶: 거의 **서**　幾: 몇 **기**

▣ 於의 쓰임

① 於(전치사) : ~에(게) ~되다.(피동)

→ 不拘於稟受故也 : 타고난 분수에 구애되지 않기 때문이다.

② 於(전치사) : ~보다(비교)

→ 莫美於智 : 지혜보다 아름다운 것이 없다.

▣ 乎~(전치사) : ~에(게), ~에 대하여(대상, 목적)

→ 庶幾乎道矣 : 도에 거의 가까울 것이다.

凡人이 自謂立志하되 而不卽用功하고 遲回等待者는 名爲立志나 而實無向學之誠故也라 苟使吾志로 誠在於學이면 則爲仁由己라 欲之則至니 何求於人이며 何待於後哉리오 所貴乎立志者는 卽下工夫하여 猶恐不及하여 念念不退故也라 如或志不誠篤하여 因循度日이면 則窮年沒世인들 豈有所成就哉리오

무릇 사람이 스스로 뜻을 세웠다 말하되, 즉시 공부를 하지 않고 미적거리고 후일을 기다리는 것은 이름은 뜻을 세웠다 하나 실제로 향학向學의 정성이 없기 때문이다. 만일 나의 뜻으로 하여금 진실로 학문에 있게 한다면 인仁을 함은 자기에게 말미암는 것이어서 하고자 하면 이르나니, 어찌 남에게 구하며 어찌 후일을 기다리겠는가. 뜻을 세움을 귀하게 여기는 것은 즉시 공부에 착수하여 오히려 미치지 못할까 두려워해서 생각하고 생각하여 물러서지 않기 때문이다. 만일 혹시라도 뜻이 성실하고 독실하지 못하여 인순因循하여 세월을 보낸다면 수명이 다하여 세상을 마친들 어찌 성취하는 바가 있겠는가?

功 : 공 **공**　遲 : 더딜 **지**　待 : 기다릴 **대**　由 : 말미암을 **유**　下 : 내릴 **하**　猶 : 오히려 **유**
度 : 보낼 **도**; 건너다　沒 : 죽을 **몰**; 다하다　就 : 나아갈 **취**; 이루다

어법

▣ 꾸며주는 말 + 者(주어) + 서술어 + 故+也

凡人自謂立志而不卽用功遲回等待 者 名爲立志而實無向學之誠 故 也:

무릇 사람이 스스로 뜻을 세웠다 말하되 즉시 공부를 하지 않고 미적거리고 후일을 기다리는 것은 이름은 뜻을 세웠다 하나 실제는 향학의 정성이 없기 때문이다.

▣ 〔豈~ 哉〕, 〔何~ 哉〕: 어찌 ~하리오.(반어형)

→ 何求於人 何待於後哉: 어찌 남에게 구하며 어찌 후일을 기다리겠는가.

→ 豈有所成就哉: 어찌 성취하는 바가 있겠는가.

▣ 於(전치사): ~에(게)(대상, 목적)

→ 誠在於學: 진실로 학문에 두다.　　何求於人: 어찌 남에게 구하는가.

▣ 乎(전치사): ~에(대하여), ~를(을)(대상, 목적)

→ 貴乎立志: 뜻을 세움을 귀하게 여기다.

革舊習章 第二

人雖有志於學이나 而不能勇往直前하여 以有所成就者는 舊習이 有以沮敗之也라 舊習之目을 條列如左하노니 若非勵志痛絶이면 則終無爲學之地矣리라

사람이 비록 학문에 뜻을 두나 용감하게 나아가고 곧바로 전진하여 성취하는 바가 있지 못한 것은 옛 습관이 〈그것을〉 가로막고 패敗하게 함이 있기 때문이다. 옛 습관의 조목을 조목별로 열거하기를 왼쪽(아래)과 같이 하노니, 만약 뜻을 가다듬어 통렬히 끊어버리지 않는다면 끝내 학문을 할 곳이 없게 될 것이다.

어법

▣ [( )者 ~也]: ~하는 것은 ~이다.

人雖有志於學 而不能勇往直前 以有所成就 者 舊習有以沮敗之也:
사람이 비록 학문에 뜻을 두나 용감히 나아가고 곧바로 전진하여 성취하는 바가 있지 못한 것은 옛 습관이 〈그것을〉 가로막고 패함이 있기 때문이다.

▣ [若~ 則~]: 만약 ~이면 ~이다.(가정형) 접속사 '若'과 '則'이 호응하여 '가정형'을 이룬다.

→ 若非勵志痛絶 則終無爲學之地矣: 만약 뜻을 가다듬어 통렬히 끊지 않는다면 끝내 학문을 할 곳이 없을 것이다.

▣ 雖(접속사): 비록 ~일지라도

→ 人雖有志於學: 사람이 비록 뜻을 학문에 두더라도

革: 고칠 혁　習: 익힐 습　勇: 용맹 용　沮: 막을 저　敗: 패할 패　目: 조목 목
條: 가지 조; 조목　若: 만약 약　勵: 힘쓸 려　痛: 아플 통

其一은 **惰其心志**하고 **放其儀形**하여 **只思暇逸**하여 **深厭拘束**이요 **其二**는 **常思動作**하여 **不能守靜**하고 **紛紜出入**하여 **打話度日**이요 **其三**은 **喜同惡**(오)**異**하여 **汨於流俗**하여 **稍欲修飭**이나 **恐乖於衆**이요 **其四**는 **好以文辭**로 **取譽於時**하여 **剽竊經傳**하여 **以飾浮藻**요 **其五**는 **工於筆札**하고 **業於琴酒**하여 **優游卒歲**하여 **自謂淸致**요 **其六**은 **好聚閒人**하여 **圍棋局戲**하여 **飽食終日**하여 **只資爭競**이요 **其七**은 **歆羨富貴**하고 **厭薄貧賤**하여 **惡衣惡食**을 **深以爲恥**요 **其八**은 **嗜慾無節**하여 **不能斷制**하여 **貨利聲色**을 **其味如蔗**니라 **習之害心者 大概如斯**하니 **其餘**는 **難以悉擧**라

그 첫째는 그 마음과 뜻을 게을리하고 그 거동과 형체를 함부로 해서, 다만 한가하고 편안하기만을 생각하여 구속을 깊이 싫어하는 것이요, 그 둘째는 항상 동작함을 생각하여 안정을 지키지 못하고, 분분하게 드나들면서 이야기로 헛되이 날을 보내는 것이요, 그 셋째는 같은 것을 좋아하고 다른 것을 싫어하여 유속流俗에 빠져 조금 행실을 닦고 삼가려 하나 남들과 어그러질까 두려워하는

惰:게으를 타　放:멋대로할 방　儀:거동 의　暇:겨를 가　逸:편안할 일　深:깊을 심
厭:싫을 염　束:단속할 속　紛:어지러울 분　紜:어지러울 운　打:관사冠詞 타　汨:빠질 골
稍:조금 초　乖:어그러질 괴　譽:기릴 예　剽:도둑질할 표　竊:훔칠 절　經:글 경
傳:전할 전　藻:마름 조;문장　琴:거문고 금　優:넉넉할 우　游:놀 유　卒:마칠 졸
聚:모을 취　圍:에워쌀 위　棋:바둑 기　飽:배부를 포　資:자뢰 자　競:다툴 경
歆:흠모할 흠　羨:부러워할 선　厭:싫을 염　薄:낮을 박　恥:부끄러울 치　嗜:즐길 기
節:절제할 절　制:누를 제　蔗:사탕 자　概:대개 개　悉:다 실　擧:들 거

것이요, 그 넷째는 문장으로써 시속時俗에 칭찬받기를 좋아하여 경전經典을 표절剽竊해서 부조浮藻(화려한 문장)를 꾸미는 것이요, 그 다섯째는 글씨와 편지 쓰기에 공을 들이고, 거문고 타기와 술마시는 것을 업으로 삼아 한가히 놀면서 세월을 보내며 스스로 깨끗한 운치라고 여기는 것이요, 그 여섯째는 한가한 사람을 모아 바둑을 두고 장기를 두면서 배불리 먹고 하루를 마쳐 다만 남과 다툼을 일삼는 것이요, 그 일곱째는 부하고 귀한 것을 부러워하고, 가난하고 천한 것을 싫어하여 나쁜 옷과 나쁜 음식을 몹시 부끄럽게 여기는 것이요, 그 여덟째는 즐겨하고 좋아하는 욕심이 절節(한계)이 없어 끊고 억제하지 못해서 재리財利와 음악과 여색女色에 〈빠져〉 그 맛을 사탕처럼 달게 여기는 것이다. 습관이 마음을 해치는 것이 대개 이와 같으니, 그 나머지는 이루 다 들기 어렵다.

此習이 **使人志不堅固**하고 **行不篤實**하여 **今日所爲**를 **明日難改**하고 **朝悔其行**이라가 **暮已復然**하나니 **必須大奮勇猛之志**하여 **如將一刀**하여 **快斷根株**하고 **淨洗心地**하여 **無毫髮餘脈**하며 **而時時每加猛省之功**하여 **使此心無一點舊染之汚然後**에 **可以論進學之工夫矣**리라

이러한 습관이 사람으로 하여금 뜻을 견고하지 못하게 하고 행실을 독실하지 못하게 하여, 오늘 하는 바를 내일에 고치기 어렵고, 아침에 그 행실을 뉘우쳤다가 저녁에는 이미 다시 그렇게 하나니, 반드시 모름지기 용맹스런 뜻을 크게 분발해서 마치 한 칼을 가지고 통쾌하게 뿌리를 끊어버리듯이 하고, 마음을 깨끗이 씻어내어 털끝만치라도 남은 맥脈이 없게 하며, 때때로 매양 크게 반성하는 공부를 더하여 이 마음으로 하여금 한 점의 옛날에 물든 더러움도 없게 한

悔:뉘우칠 **회**　復:다시 **부**　猛:사나울 **맹**;용맹　將:가질 **장**　快:쾌할 **쾌**　株:뿌리 **주**
淨:깨끗할 **정**　洗:씻을 **세**　髮:터럭 **발**　脈:맥 **맥**

뒤에야 학문에 나아가는 공부를 논할 수 있을 것이다.

어법

■ 其五‖工 / 於筆札(DS‖P / 於C) : 그 다섯째는 글씨와 편지쓰기에 공을 들이는 것이다.

■ 使~ : ~로 하여금 ~하게 시키다.(사역형)

→ 此習使人志不堅固 行不篤實 : 이러한 습관이 사람으로 하여금 뜻을 견고하지 못하게 하고 행실을 독실하지 못하게 하다.

■ 之(주격어기사) : ~가(이, 는)

→ 習之害心 : 습관이 마음을 해치다.

■ 之(관형격어기사) : ~의, ~하는

→ 每加猛省之功 : 매양 크게 반성하는 공부를 더하다.

持身章 第三

學者必誠心向道하여 不以世俗雜事로 亂其志然後에 爲學有基址라 故로 夫子曰 主忠信이라하시니 朱子釋之曰 人不忠信이면 事皆無實하여 爲惡則易하고 爲善則難이라 故로 必以是爲主焉이라하시니 必以忠信爲主而勇下工夫然後에 能有所成就니 黃勉齋[3]所謂眞實心地, 刻苦工夫兩言이 盡之矣로다

3 黃勉齋 : 남송南宋의 학자로 이름은 간幹이고, 면재는 그의 호號이며, 주자朱子의 문인門人이다.

배우는 자가 반드시 성심으로 도道를 향하여 세속의 잡된 일로써 그 뜻을 어지럽히지 않은 뒤에야 학문을 함에 기초가 있게 된다. 그러므로 부자夫子(孔子)께서 말씀하시기를, "충신忠信을 주장한다." 하시니, 주자朱子께서 이를 해석하여 말씀하시기를, "사람이 충신이 없으면 일이 모두 진실함이 없어서 악을 하기는 쉽고 선을 하기는 어렵다. 그러므로 반드시 이것으로써 주장을 삼는 것이다." 하셨으니, 반드시 충신으로써 주장을 삼고 용감히 공부를 한 뒤에야 능히 성취하는 바가 있을 것이다. 황면재黃勉齋가 이른바 "마음을 진실히 하고 공부를 애써 하라."는 두 마디 말씀이 그 뜻을 다하였다고 할 것이다.

어법

▣ 以A爲B : A로써 B를 삼다.

→ 必以是爲主焉 : 반드시 이것으로써 주장을 삼다.

指 : 가질 **지** 基 : 터 **기** 址 : 터 **지** 釋 : 풀 **석** 勉 : 힘쓸 **면** 刻 : 새길 **각**

▣ 〔不~ 無~〕: ~이 없으면 ~함이 없다.(가정형) 부정사 '不, 無'가 두 번 쓰여 '가정형'의 구조를 이룬다.

→ 人不忠信 事皆無實 : 사람이 충신이 없으면 일이 모두 진실함이 없다.

▣ 焉(종결어기사) : ~다. → 必以是爲主焉 : 반드시 이것으로써 주장을 삼다.

▣ 之(대명사) : 이것(그것)을 → 盡之矣 : 그 뜻을 다하였다.

常須夙興夜寐하여 **衣冠必正**하고 **容色必肅**하여 **拱手危坐**하고 **行步安詳**하며 **言語愼重**하여 **一動一靜**을 **不可輕忽苟且放過**니라

항상 모름지기 일찍 일어나고 밤늦게 자서 의관衣冠을 반드시 바르게 하고, 얼굴빛을 반드시 엄숙하게 하여 손을 모으고 무릎 꿇고 앉으며, 걸음걸이를 편안하고 조용히 하며, 언어를 신중히 하여 일동일정一動一靜을 가볍고 소홀히 하여 구차스럽게 지나쳐 버리지 말아야 한다.

收斂身心은 **莫切於九容**이요 **進學益智**는 **莫切於九思**하니 **所謂九容者**는 **足容重,**〔不輕擧也 若趨于尊長之前 則不可拘此〕 **手容恭,**〔手無慢弛 無事則當端拱 不妄動〕 **目容端,**〔定其眼睫 視瞻當正 不可流眄邪睇〕 **口容止,**〔非言語飮食之時則口常不動〕 **聲容靜,**〔當整攝形氣 不可出噦咳等雜聲〕 **頭容直,**〔當正頭直身 不可傾回偏倚〕 **氣容肅,**〔當調和鼻息 不可使有聲氣〕 **立容德,**〔中立不倚 儼然有德之氣像〕 **色容莊**이요 〔顔色整齊 無怠慢之氣〕 **所謂九思者**는 **視思明,**〔視無所蔽則明無不見〕 **聽思聰,**〔聽無所壅則聰無不聞〕 **色思溫,**〔容色和舒無忿厲之氣〕 **貌思恭,**〔一身儀形 無不端莊〕 **言思忠,**〔一言之發 無不忠信〕 **事思敬,**〔一事之作 無不敬愼〕 **疑思問,**〔有疑于心 必就先覺審問

夙 : 일찍 숙　寐 : 잘 매　肅 : 엄숙할 숙　拱 : 두손마주잡을 공　詳 : 자세할 상　愼 : 삼갈 신
忽 : 소홀할 홀　苟 : 구차할 구　過 : 지날 과　斂 : 거둘 렴　莊 : 씩씩할 장　聰 : 귀밝을 총

不知不措〕 **忿思難,**〔有忿必懲以理自勝〕 **見得思義**니라〔臨財必明義利之辨 合義然後取之〕 **常以九容九思**로 **存於心而檢其身**하여 **不可頃刻放捨**요 **且書諸座隅**하여 **時時寓目**이니라

몸과 마음을 수렴하는 데는 구용九容보다 절실한 것이 없고, 학문에 나아가 지혜를 더하는 데는 구사九思보다 절실한 것이 없으니, 이른바 구용九容이라는 것은, 발 모양을 무겁게 하고,〔가볍게 행동하지 않는 것이다. 장자長者 앞에서 걸을 적에는 여기에 구애받지 않는다.〕 손 모양을 공손히 하고,〔손을 게을리 하지 않는다. 일이 없을 때는 마땅히 단정히 손을 모으고 함부로 움직이지 않는다.〕 눈 모양을 단정히 하고,〔눈동자를 안정시켜 마땅히 시선을 바르게 할 것이요, 흘겨보거나 훔쳐보아서는 안 된다.〕 입 모양을 그치고,〔말을 하거나 음식을 먹을 때가 아니면 입을 항상 움직이지 않는다.〕 소리 모양을 조용히 하고,〔마땅히 형기形氣를 가다듬어 구역질을 하거나 트림을 하는 따위의 잡소리를 내서는 안 된다.〕 머리 모양을 곧게 하고,〔마땅히 머리를 바르게 하고 몸을 곧게 해야 하며 기울여 돌리거나 한쪽으로 치우치게 해서는 안 된다.〕 숨 쉬는 모양을 엄숙하게 하고,〔호흡을 고르게 할 것이요, 소리가 나게 해서는 안 된다.〕 서 있는 모양을 덕스럽게 하고,〔가운데 서고 치우치지 않아서 엄연히 덕德이 있는 기상이 있어야 한다.〕 얼굴 모양을 장엄하게 하는 것이요.〔얼굴빛을 단정히 하여 태만한 기색이 없어야 한다.〕

이른바 구사九思라는 것은, 볼 때는 밝게 볼 것을 생각하고,〔사물을 볼 때 가리운 바가 없으면 밝아서 보지 못하는 것이 없다.〕 들을 때는 귀밝게 들을 것을 생각하고,〔들을 때 막힌 바가 없으면 총명하여 듣지 못하는 것이 없다.〕 얼굴빛은 온화하게 할 것을 생각하고,〔얼굴빛을 화하고 부드럽게 하여 화를 내거나 거친 기색이 없어야 한다.〕 용모는 공손할 것을 생각하고,〔일신의 태도가 단정하고 씩씩하지 않음이 없게 한다.〕 말은 성실하게 할 것을 생각하고,〔한마디 말이라도 충신하지 않음이 없게 한다.〕 일은 공경스럽게 할 것을 생각하고,〔한 가지의 일이라도 공경하고 조심하지 않음이 없게 한다.〕 의심스러운 것은 물을 것을 생각하고,〔마음속에 의심이 있으면 반드시 선각자에게 나아가 자세히 물어서 모르고는 그대로 두지 않는다.〕 분할 때에는 환난患難을 생각하고,〔분이 나면 반드시 징계하여 이치로써 스스로 이겨내야 한다.〕 얻는 것을 보면 의리를 생각하는 것이다.〔재물을 대해서는 반드시 의義·이利의 구분을 밝혀, 의義에 합한 뒤에야 취한다.〕

항상 구용九容과 구사九思를 마음속에 두고 그 몸을 단속하여 잠깐 동안이라도 놓아버리지 말 것이요, 또 이것을 앉는 자리의 귀퉁이에 써 붙여 때때로 눈을 붙여 보아야 할 것이다.

어법

■ 〔莫$\overset{P}{\sim}$ 於$\overset{C}{\sim}$〕: (아무것도) $\overset{P}{\sim}$보다 $\overset{C}{\sim}$함이 없다(최상급의 표현) 부정사 '莫'과 전치사 '於'가 호응하여 최상급의 표현을 나타낸다.

→ 莫切於九容 : (아무것도) 九思보다 절실한 것이 없다.

檢 : 검속할 **검**　頃 : 잠깐 **경**　捨 : 놓을 **사**　隅 : 모퉁이 **우**　寓 : 붙일 **우**

▣ 不可~ : ~해서는 안 된다(금지형). 부정사 '不'과 조동사 '可'가 '不可'의 구조를 이루어 '금지형'을 나타낸다.

→ 一動一靜不可輕忽 苟且放過 : 一動一靜을 가볍고 소홀히 하여 구차스럽게 지나쳐 버려서는 안 된다.

▣ 諸(대명사 겸 전치사) : '之+於의 축약형', '이것을 ~에'. '저'로 읽는다.

→ 書諸座隅 : 이것을 앉은 자리의 귀퉁이에 써 붙이다.

▣ 且(접속사) : 또, 그리고

→ 不可頃刻放捨 且書諸座隅 : 잠깐 동안이라도 놓아버리지 말 것이요, 또 이것을 앉는 자리의 귀퉁이에 써 붙여야 한다.

非禮勿視, 非禮勿聽, 非禮勿言, 非禮勿動 四者는 **修身之要也**라 **禮與非禮**를 **初學**이 **難辨**이니 **必須窮理而明之**하여 **但於已知處**에 **力行之**면 **則思過半矣**리라

예禮가 아니면 보지 말며, 예가 아니면 듣지 말며, 예가 아니면 말하지 말며, 예가 아니면 동動하지 말라는 네 가지는 몸을 닦는 요점이다. 예와 예가 아닌 것을 처음 배우는 이가 분별하기 어려우니, 반드시 모름지기 이치를 궁구窮究하여 이것을 밝혀서 다만 이미 아는 것에 대하여 힘써 행한다면 생각함이 반을 넘을 것이다.(깨달은 바가 이미 많을 것이다.)

어법

▣ 〔非~ 勿~〕: ~가 아니면 ~하지 마라(금지형). '非', '勿' 등 부정사가 겹쳐 '가정형'을 이루며 동시에 '금지형'을 나타낸다.

→ 非禮勿視 : 예가 아니면 보지 말라.

▣ ~則~ : ~이면 ~이다.(가정형)

→ 於已知處 力行之 則思過半矣 : 이미 아는 것에 대하여 힘써 행한다면 생각함이 반을 넘을 것이다.

辨 : 분변할 **변**　已 : 이미 **이**; 뿐, 그만두다　半 : 반 **반**

▣ 與(접속사) : ~와(과)

→ 禮與非禮 : 예와 비례

▣ 於(전치사) : ~에 대하여(대상)

→ 於已知處 : 이미 아는 것에 대하여

爲學이 在於日用行事之間하니 若於平居에 居處恭하며 執事敬하며 與人忠이면 則是名爲學이니 讀書者는 欲明此理而已니라

학문을 함이 일상적日常的으로 행하는 일 사이에 있으니, 만약 평소 거처함을 공손히 하고, 일을 집행하기를 공경히 하고, 남과 더불기를 성실히 하면, 이것을 이름하여 학문이라 하는 것이니, 책을 읽는 것은 이 이치를 밝히고자 하는 것일 뿐이다.

어법

▣ 〔若~ 則~〕: 만약 ~(하)이면 ~이다(~하다).(가정형)

→ 若於平居 居處恭 執事敬 與人忠 則是名爲學 : 만약에 평소에 거처함을 공손히 하고 일을 잡음을 공경히 하고, 남과 더불기를 성실히 하면 이것을 이름하여 학문이라 한다.

▣ 於(전치사) : ~에(처소, 장소)

→ 在於日用行事之間 : 일상적으로 행하는 일 사이에 있다.

▣ 與(전치사) : ~와(더불어) → 與人忠 : 남과 더불어 충실히 하다.

▣ 而已(종결어기사) : ~뿐이다.

→ 欲明此理而已 : 이 이치를 밝히고자 할 뿐이다.

衣服은 不可華侈라 禦寒而已요 飮食은 不可甘美라

侈 : 사치 치 禦 : 막을 어

救飢而已요 **居處**는 **不可安泰**라 **不病而已**니 **惟是學問之功, 心術之正, 威儀之則**은 **則日勉勉而不可自足也**니라

의복은 화려하거나 사치하게 할 것이 아니라 추위를 막을 뿐이요, 음식은 달고 아름답게 할 것이 아니라 굶주림을 구원할 뿐이요, 거처는 편안하게 할 것이 아니라 병들지 않게 할 뿐이다. 오직 학문의 공부와 심술心術(마음)의 바름과 위의威儀의 법칙은 날마다 힘쓰고 힘써, 스스로 만족하게 여기지 말아야 한다.

어법

▣ 不~ : ~이 아니다(~안 된다).(부정형)

→ 惟是學問之功 心術之正 威儀之則 則日勉勉而不可自足也 : 오직 학문의 공부와 심술의 바름과 위의의 법칙은 날마다 힘쓰고 힘써 스스로 만족하게 여겨서는 안 된다.

▣ 則(부사) : 곧, 바로

→ 威儀之則 則日勉勉 : 위의威儀의 법칙은 〈곧〉 날마다 힘쓰고 힘쓰다.

克己工夫 最切於日用하니 **所謂己者**는 **吾心所好不合天理之謂也**라 **必須檢察吾心**이 **好色乎**아 **好利乎**아 **好名譽乎**아 **好仕宦乎**아 **好安逸乎**아 **好宴樂乎**아 **好珍玩乎**아하여 **凡百所好 若不合理**어든 **則一切痛斷**하여 **不留苗脈然後**에야 **吾心所好 始在於義理**하여 **而無己可克矣**리라

飢 : 주릴 기　泰 : 편안할 태　術 : 술책 술　威 : 위엄 위　儀 : 거동 의　則 : 법칙 칙, 곧 즉
勉 : 힘쓸 면　克 : 이길 극　宦 : 벼슬 환　宴 : 잔치 연　樂 : 즐거울 락　珍 : 보배 진
玩 : 보배 완; 구경하다　留 : 머무를 류　苗 : 싹 묘

자기의 사욕私慾을 이기는 극기克己 공부가 가장 일상생활에 요긴하니, 이른 바 기己라는 것은 내 마음에 좋아하는 바가 천리天理에 합하지 않음을 말한다. 반드시 모름지기 내 마음이 여색을 좋아하는가, 이익을 좋아하는가, 명예를 좋아하는가, 벼슬하기를 좋아하는가, 편안하게 지내기를 좋아하는가, 잔치하고 즐기기를 좋아하는가, 진귀한 보배를 좋아하는가를 검찰檢察하여, 무릇 여러 가지 좋아하는 바가 만일 이치에 합하지 않거든, 일체 통렬히 끊어서 싹과 맥을 남겨두지 않은 뒤에야 내 마음의 좋아하는 바가 비로소 의리에 있게 되어서 이길 만한 사욕이 없게 될 것이다.

어법

▣ ~最~ : ~는 가장 ~하다(최상급의 표현). 부사 '最'가 '最+형용사(동사)'의 구조를 이루어 최상급을 나타낸다.

→ 克己工夫 最切於日用 : 극기 공부가 일상생활에 가장 요긴하다.

▣ 〔若~ 則~〕: 만약 ~하면 ~이다.(가정형)

→ 凡百所好 若不合理 則一切痛斷 不留苗脈然後…… : 무릇 여러 가지 좋아하는 바가 만일 이치에 맞지 않는다면 일체 통렬히 끊어서 싹과 맥을 남겨 두지 않은 뒤에야……

▣ 乎 : ~인가?(의문형) → 好宴樂乎 : 잔치하고 즐기기를 좋아하는가.

▣ 所(불완전명사) : ~하는 바(것) → 吾心所好 : 내 마음의 좋아하는 바가

▣ 之(목적격어기사) : ~을(를)

→ 不合天理之謂也 : 天理에 합당하지 않음을 말한다.

▣ 矣(종결어기사) : ~다.(단정)

→ 無己可克矣 : 이길 만한 사욕이 없게 될 것이다.

多言多慮 最害心術하니 **無事則當靜坐存心**하고 **接人則當擇言簡重**하여 **時然後言**이면 **則言不得不簡**이니 **言簡者近道**니라

慮 : 생각 려　擇 : 가릴 택　簡 : 간략할 간

말을 많이 하고 생각을 많이 하는 것이 가장 마음에 해로우니, 일이 없으면 마땅히 고요히 앉아 마음을 보존하고, 사람을 접하면 마땅히 말을 가려서 간략簡略히 하고 신중히 하여, 때에 맞은 뒤에 말하면 말이 간략하지 않을 수 없을 것이니, 말이 간략한 자가 도道에 가깝다.

어법

▣ ~則~ : ~하면 ~하다.(가정형)

→ 無事則當靜坐存心 : 일이 없으면 마땅히 고요히 앉아 마음을 보존한다.

非先王之法服이어든 不敢服하며 非先王之法言이어든 不敢道하여 非先王之德行이어든 不敢行이니 此當終身服膺者也니라

선왕先王의 법도法度에 맞는 옷이 아니면 감히 입지 아니하고, 선왕의 법도에 맞는 말이 아니면 감히 말하지 아니하고, 선왕의 덕행이 아니면 감히 행하지 않을 것이니, 이것은 마땅히 몸을 마치도록 가슴속에 두어야 할 것이다.

어법

▣ 〔此 ~者也〕 : 이것은 ~인(할) 것이다.

→ 此當終身服膺者也 : 이것은 마땅히 몸을 마치도록 가슴에 두어야 할 것이다.

▣ 〔非~ 不~〕 : ~이 아니면 (감히) ~하지 아니하다.(가정형)

→ 非先王之德行 不敢行 : 선왕의 덕행이 아니면 감히 행하지 않는다.

▣ 者(불완전명사) : ~것(사람, 일) → 服膺者 : 가슴속에 두어야 할 것

爲學者一味向道하여 不可爲外物所勝이니 外物之不正者를 當一切不留於心하여 鄕人會處에 若

擇 : 가릴 택 道 : 말할 도 服 : 둘 복 膺 : 가슴 응

設博奕樗蒲等戲어든 則當不寓目하여 逡巡引退하고 若遇倡妓作歌舞어든 則必須避去요 如値鄕中大會하여 或尊長强留하여 不能避退어든 則雖在座나 而整容淸心하여 不可使奸聲亂色으로 有干於我며 當宴飮酒에 不可沈醉요 浹洽而止 可也니라 凡飮食은 當適中이니 不可快意有傷乎氣며 言笑는 當簡重이니 不可喧譁以過其節이며 動止는 當安詳이니 不可粗率以失其儀니라

학문을 하는 자는 한결같이 도道를 행함에 뜻하여 외물外物에 이김을 당하지 말아야 할 것이니, 외물의 바르지 못한 것을 마땅히 일체 마음에 두지 말아, 향인鄕人이 모인 곳에 만일 장기나 바둑, 저포樗蒲 같은 놀이를 벌여놓았거든 마땅히 눈을 붙여 보지 말고 뒷걸음질 쳐 물러나고, 만일 광대와 기생들이 노래와 춤을 추고 있는 것을 만나면 반드시 피해 가야 할 것이요, 만일 향중鄕中의 대회를 만나 혹 존장尊長이 억지로 만류하여 피해 물러갈 수 없으면, 비록 자리에 있을지라도 용모를 단정히 하고 마음을 맑게 하여 간사한 소리와 음란한 색色으로 하여금 나를 침범함이 있지 않게 할 것이며, 잔치를 당하여 술을 마심에는 빠지도록 취해서는 안 되고, 몸에 〈술기운이〉 무젖으면 그치는 것이 옳다. 모든 음식은 마땅히 알맞게 먹을 것이니, 뜻에 쾌하게 하여 기氣를 상하지 말 것이며, 말과 웃음은 마땅히 간략하고 신중히 할 것이니, 시끄럽게 떠들어 그 절도를 지나치지 말 것이며, 행동거지行動擧止는 마땅히 안정되고 상세하게 할 것이니, 거칠고 경솔하게 하여 그 위의威儀를 잃지 말 것이니라.

博:장기 박　奕:바둑 혁　樗:가죽나무 저　蒲:부들 포　戲:희롱할 희　寓:붙일 우
逡:주저할 준　巡:돌 순　遇:만날 우　倡:기생 창　妓:기생 기　値:만날 치
奸:간사할 간　干:범할 간　沈:잠길 침　醉:취할 취　浹:무젖을 협　洽:무젖을 흡
中:맞을 중　喧:떠들 훤　譁:떠들 화　粗:거칠 조/추　率:거칠 솔

어법

▣ 〔若(如)~ 則~〕: 만약 ~하면 ~하다.(가정형)

→ 若遇倡妓作歌舞 則必須避去: 만일 창기倡妓들이 노래와 춤을 추는 것을 만나면 반드시 피해가야 한다.

▣ 〔S爲~ 所~〕: S는 ~에게 ~한 바가 되다(당하다)(피동형). '爲 ~所'의 구조는 대표적인 '피동형'의 구조이다.

→ 爲學者一味向道 不可爲外物所勝: 학문을 하는 자는 한결같이 학문의 길로 향할 것이요, 外物에 이김을 당하는 바가 되지 말아야 할 것이다.

▣ 使+A(명사류)+동사(P)~: ~로 하여금 ~하게 시키다.(사역형)

→ 不可使奸聲亂色 有干於我: 간사한 소리와 음란한 색으로 하여금 나를 침범함이 있지 않게 하다.

▣ 不可~: ~이 아니다(~말 것이다).(부정형, 금지형)

→ 言笑 當簡重 不可喧譁以過其節: 말과 웃음은 마땅히 간략하고 신중하게 할 것이니 시끄럽게 떠들어 그 절도를 지나치지 말 것이다.

▣ 以(접속사): ~하여(순접의 '而'와 쓰임이 같음)

→ 粗率以失其儀: 거칠고 경솔하여 그 위의를 잃다.

有事則以理應事하고 讀書則以誠窮理하여 除二者外엔 靜坐收斂此心하여 使寂寂無紛起之念하고 惺惺無昏昧之失이 可也니 所謂敬以直內者如此니라

일이 있으면 이치로써 일에 응하고, 책을 읽으면 정성으로써 이치를 궁구하여, 이 두 가지를 제한 외에는 조용히 앉아 이 마음을 수렴해서, 고요하고 고요하여 어지럽게 일어나는 잡념이 없게 하며, 밝고 밝아 혼매昏昧한 실수가 없게 하는 것이 가할 것이니, 이른바 경敬으로써 마음속을 바르게 한다는 것이 이와 같은 것이다.

收: 거둘 **수**　斂: 거둘 **렴**　寂: 고요 **적**　紛: 어지러울 **분**　惺: 깰 **성**　昧: 어두울 **매**

어법

▣ 使 : ~시키다.(사역형)

→ 使寂寂無紛起之念 : 고요하고 고요하여 어지럽게 일어나는 잡념이 없게 하다.

▣ ~則~ : ~하면 ~이다.(가정형)

→ 有事則以理應事 : 일이 있으면 이치로써 일에 응하다.

當正身心하여 表裏如一이니 處幽如顯하며 處獨如衆하여 使此心如青天白日을 人得而見之니라

마땅히 몸과 마음을 바르게 하여 겉과 속이 한결같게 하여야 할 것이니, 깊숙한 곳에 있더라도 드러난 곳에 있는 것처럼 하고, 혼자 있더라도 여럿이 있는 것처럼 하여, 이 마음으로 하여금 푸른 하늘의 밝은 해를 사람들이 모두 보는 것처럼 하여야 한다.

어법

▣ S使B如C : S는 B로 하여금 C처럼(같이) 하게 하다.(사역형)

Ⓢ使B(此心)如C(青天白日 人得而見之)

C[(青天白日) 人得而見之] : 푸른 하늘의 밝은 해(이것을)를 사람들이 〈모두〉 보는 것처럼 하게 하다.

常以行一不義, 殺一不辜而得天下라도 不爲底意思로 存諸胸中이니라

항상 한 가지라도 의롭지 못한 일을 행하고, 한 사람이라도 죄 없는 사람을 죽여서 천하를 얻을 수 있더라도 하지 않겠다는 의사를 가슴속에 두고 있어야 한다.

裏 : 속 **리**　幽 : 그윽할 **유**　顯 : 드러날 **현**　辜 : 허물 **고**　底 : 어조사 **저**　胸 : 가슴 **흉**

어법

▣ 以A文P(동사)~:A文으로써(을) P하다.

▣ 以行一不義 殺一不辜而得天下 不爲底意思 存諸胸中

:한 가지라도 의롭지 못한 일을 행하고, 한 사람이라도 죄 없는 사람을 죽여서 천하를 얻을 수 있더라도 하지 않겠다는 의사를 가슴속에 두고 있어야 한다.

▣ 諸(대명사 겸 전치사):'之+於'의 축약형. 그것을 ~에. '저'로 읽는다.

→ 存諸胸中:〈그것을〉 가슴속에 두어야 한다.

▣ 底(어조사):'~의', '~하는', '的'과 같은 의미의 어조사.

→ 不爲底意思:하지 않겠다는 의사.

居敬以立其本하며 窮理以明乎善하며 力行以踐其實이니 三者는 終身事業也니라

경에 거하여〔居敬〕 근본을 세우고, 이치를 연구하여〔窮理〕 선善을 밝히고, 힘써 행하여〔力行〕 그 진실을 실천하여야 하니, 이 세 가지는 몸을 마칠 때까지 해야 할 사업이다.

어법

▣ 居 | 敬以立 | 本:경에 거하여 근본을 세우다.

▣ 以(접속사):~하고, ~하여(순접의 '而'와 쓰임이 같음)

→ 居敬以立其本:敬에 居하여 근본을 세우다.

▣ 乎(전치사):~에, ~을(목적, 대상) → 明乎善:善을 밝히다.

思無邪, 毋不敬'只此二句는 一生受用이라도 不盡이니 當揭諸壁上하여 須臾不可忘也니라

業:업 **업** 邪:간사할 **사** 毋:없을 **무**;말다 揭:들 **게** 諸:어조사 **제/저** 壁:벽 **벽**
臾:잠깐 **유**

4 **思無邪 毋不敬** : 사무사思無邪는 ≪시경詩經≫ 〈노송魯頌〉에 보이며, 무불경毋不敬은 ≪예기禮記≫ 〈곡례曲禮〉에 보인다.

"생각에 간사함이 없다."와 "공경하지 않음이 없다."는 오직 이 두 구句는 일생토록 받아쓰더라도 다하지 않을 일이니, 마땅히 이것을 벽 위에 써 붙여서 잠깐 동안이라도 잊어서는 안 될 것이다.

어법

▣ 〔無~ 毋不~〕: ~함이 없고 ~아니함이 없다.(부정형)
→ 思無邪 毋不敬 : 생각에 간사함이 없으며 공경하지 않음이 없다.

每日에 頻自點檢하여 心不存乎아 學不進乎아 行不力乎아하여 有則改之하고 無則加勉하여 孜孜毋怠하여 斃而後已니라

매일 자주 스스로 점검하되 마음을 보존하지 않았는가, 학문이 진전되지 않았는가, 행실을 힘쓰지 않았는가 하여, 있으면 그것을 고치고 없으면 더 부지런히 하여, 힘쓰고 힘써서 게을리하지 말아 죽은 뒤에야 그만둘 것이다.

어법

▣ ~乎(의문어기사) : ~한가?, ~느냐?(의문형)
→ 行不力乎 : 행실에 힘쓰지 않는가?

▣ ~則~(접속사) : ~하면 ~하다.(가정형)
→ 有則改之 : 있으면 그것을 고치다.

頻 : 자주 **빈** 檢 : 조사할 **검** 加 : 더할 **가** 孜 : 부지런할 **자** 怠 : 게으를 **태** 斃 : 죽을 **폐**
已 : 그칠 **이**

讀書章 第四

學者常存此心하여 **不被事物所勝**이요 **而必須窮理明善然後**에 **當行之道 曉然在前**하여 **可以進步**라 **故**로 **入道莫先於窮理**하고 **窮理莫先乎讀書**하니 **以聖賢用心之迹**과 **及善惡之可效可戒者 皆在於書故也**니라

배우는 자는 항상 이 마음을 보존하여 사물事物에게 이김을 당하지 않게 하고, 반드시 모름지기 이치를 궁구하여 선을 밝힌 뒤에야 마땅히 행할 길이 분명히 앞에 있어서 진보할 수가 있는 것이다. 그러므로 도道에 들어감은 이치를 궁구窮寇하는 것보다 먼저 할 것이 없고, 이치를 궁구함은 책을 읽는 것보다 먼저 할 것이 없으니, 성현聖賢의 마음을 쓴 자취와 선과 악의 본받고 경계해야 할 것이 모두 책에 쓰여 있기 때문이다.

어법

▣ 〔S被~(A) 所~(C)〕: S는 ~(A)에게 ~(C)당한(되는) 바가 되다(피동형). 피동사 '被'와 '所'가 호응하여 '피동형'의 구조를 나타낸다.

→ 不被事物所勝: 사물에게 이김을 당하지 않게 하다.

▣ 〔莫~(P) 於~(C)〕: (아무것도) ~(C)보다 ~(P)함이 없다.(최상급 표현)

→ 入道莫先於窮理: 도에 들어감은 (아무것도) 이치를 궁구하는 것보다 먼저 할 것이 없다.

▣ 及(접속사): ~와(과)(병렬)　　▣ 以(전치사): ~이유, 까닭(원인)

被: 입을 **피**　窮: 궁구할 **궁**　曉: 분명할 **효**　迹: 자취 **적**　效: 본받을 **효**　戒: 경계할 **계**

凡讀書者 必端拱危坐하여 敬對方冊하여 專心致志하고 精思涵泳하여〔涵泳者熟讀深思之謂〕 深解義趣하고 而每句에 必求踐履之方이니 若口讀而心不體, 身不行이면 則書自書, 我自我니 何益之有리오

무릇 책을 읽는 자는 반드시 단정히 손을 모으고 무릎을 꿇고 앉아서 공경히 책을 대하여 마음을 오로지 하고 뜻을 다하며 자세히 생각하고 함영涵泳하여, 〔함영이라는 것은 익숙히 읽고 깊이 생각함을 이른다.〕 깊이 의취義趣를 이해하고 구절마다 반드시 실천할 방법을 구해야 하니, 만일 입으로만 읽어서 마음에 체득體得하지 않고 몸으로 실행하지 않는다면 책은 책대로 나는 나대로일 것이니, 무슨 유익함이 있겠는가?

어법

▣ 〔若~ 則~〕: 만약 ~한다면 ~하다.(가정형)

→ 若口讀而心不體 身不行 則書自書 我自我 何益之有: 만일 입으로만 읽어서 마음에 체득하지 않고 몸으로 실행하지 않는다면 책은 책대로 나는 나대로일 것이니 무슨 유익함이 있겠는가?

先讀小學하여 於事親, 敬兄, 忠君, 弟長, 隆師, 親友之道에 一一詳玩而力行之니라

먼저 ≪소학小學≫을 읽어, 어버이를 섬기고 형을 공경하며, 임금에게 충성하고 어른을 공경하며, 스승을 높이고 벗을 친히 하는 도리에 대해 일일이 자세히 익혀서 힘써 실행해야 할 것이다.

어법

▣ 於(전치사): ~에(대하여) (대상) → 於事親: 어버이를 섬기는 데 대하여

拱: 두손마주잡을 **공** 危: 바를 **위** 方: 모날 **방** 冊: 책 **책** 致: 지극할 **치** 涵: 담글 **함**
泳: 헤엄칠 **영** 趣: 지취 **취** 履: 밟을 **리** 隆: 높을 **륭** 玩: 익힐 **완**; 보다

▣ 而(접속사):~하고, ~하여(순접)
→ 一一詳玩而力行之:일일이 자세히 익혀서 힘써 실행할 것이다.
▣ 之(관형격어기사):~의(하는) → 親友之道:벗과 친하는 도리
▣ 之(대명사):이것, 그것 → 力行之:이것을 힘써 행하다.

次讀大學及或問하여 於窮理, 正心, 修己, 治人之道에 一一眞知而實踐之니라

다음으로 ≪대학大學≫과 ≪혹문或問≫을 읽어, 이치를 궁구하고 마음을 바르게 하며, 자기 몸을 닦고 남을 다스리는 도리에 대해 일일이 참으로 알아서 성실히 실천해야 할 것이다.

어법

▣ 及(접속사):~와(과)
→ 大學及或問:대학과 혹문

次讀論語하여 於求仁爲己, 涵養本原之功에 一一精思而深體之니라

다음에 ≪논어論語≫를 읽어, 인仁을 구하고 자신을 위한 학문을 하며, 본원本原을 함양하는 공부에 대해 일일이 자세히 생각하고 깊이 체득해야 할 것이다.

어법

▣ 之(관형격어기사):~의, ~하는
→ 涵養本原之功:본원本原을 함양하는 공부

次讀孟子하여 於明辨義利, 遏人慾, 存天理之

辨:분별할 **변** 遏:막을 **알** 慾:욕심 **욕**

說에 一一明察而擴充之니라

다음에 ≪맹자孟子≫를 읽어, 의리와 이익을 밝게 분별함과, 인욕人慾을 막고 천리天理를 보존하는 말에 대해 일일이 밝게 살펴서 확충해야 할 것이다.

次讀中庸하여 於性情之德, 推致之功, 位育之妙[5]에 一一玩索而有得焉이니라

5 推致之功 位育之妙 : ≪중용≫에 "중中과 화和를 지극히 하면 천지가 자리를 편안히 하고 만물이 잘 길러진다.[致中和 天地位焉 萬物育焉]" 한 말을 축약한 것이다.

다음에 ≪중용中庸≫을 읽어, 성정性情의 덕德과 미루어 지극히 하는 공부와 천지가 제 자리를 얻고 만물이 생육生育하는 미묘한 이치에 대해 일일이 그 뜻을 깊이 탐색하여 터득함이 있도록 해야 할 것이다.

어법

▣ 焉(전치사 겸 대명사) : '之+於'(이것에), '於是'(여기에)의 축약형

→ 一一玩索而有得焉 : 일일이 그 뜻을 깊이 탐색하여 이것에서 얻음이 있도록 해야 할 것이다.

次讀詩經하여 於性情之邪正, 善惡之褒戒에 一一潛繹하여 感發而懲創之니라

다음에 ≪시경詩經≫을 읽어, 성정의 간사하고 바름과 선악의 칭찬하고 징계함에 대해 일일이 깊이 생각하여 선한 마음을 감발感發하고 악한 마음을 징계해야 할 것이다.

擴 : 넓힐 확 充 : 채울 충 推 : 밀 추 索 : 찾을 색 褒 : 칭찬할 포 潛 : 잠길 잠
繹 : 생각할 역 懲 : 징계할 징 創 : 징계할 창

次讀禮經하여 **於天理之節文, 儀則之度數**에 **一一講究而有立焉**이니라

다음에 ≪예경禮經≫을 읽어, 천리天理의 절문節文과 사람이 행해야 할 의칙儀則의 도수度數에 대해 일일이 강구해서 섬이 있도록 해야 할 것이다.

次讀書經하여 **於二帝三王治天下之大經大法**에 **一一領要而遡本焉**이니라

다음에 ≪서경書經≫을 읽어, 이제二帝(堯, 舜)와 삼왕三王(禹, 湯, 文·武)이 천하를 다스린 대경대법大經大法(원리원칙)에 대해 일일이 요령을 알아 근본을 거슬러 올라가야 할 것이다.

次讀易經하여 **於吉凶存亡進退消長之幾**에 **一一觀玩而窮研焉**이니라

다음에 ≪역경易經≫을 읽어, 길흉과 존망, 진퇴와 소장消長의 기미幾微에 대해 일일이 관찰하여 깊이 연구해야 할 것이다.

次讀春秋하여 **於聖人賞善罰惡, 抑揚操縱之微辭奧義**에 **一一精研而契悟焉**이니라

다음에 ≪춘추春秋≫를 읽어, 성인이 선을 기리고 악을 벌주며, 억양抑揚하고 조종操縱한 은미한 말씀과 오묘한 뜻에 대해 일일이 자세히 연구하여 깨닫도록 해야 할 것이다.

儀:법 **의**　領:알 **령**　遡:거스를 **소**　易:바꿀 **역**　消:사라질 **소**　長:자랄 **장**　幾:기미 **기**
罰:벌줄 **벌**　抑:누를 **억**　揚:드날릴 **양**　操:잡을 **조**　縱:놓을 **종**　微:은미할 **미**

五書五經을 循環熟讀하여 理會不已하여 使義理日明하고 而宋之先正所著之書에 如近思錄, 家禮, 心經, 二程全書, 朱子大全, 語類와 及他性理之說을 宜間間精讀하여 使義理常常浸灌吾心하여 無時間斷하고 而餘力에 亦讀史書하여 通古今, 達事變하여 以長識見이니 若異端雜類不正之書는 則不可頃刻披閱也니라

이상의 오서五書와 오경五經을 돌려가며 익숙히 읽어 이회理會(이해)하기를 마지 않아서 뜻과 이치로 하여금 날로 밝아지게 하고, 송宋나라의 선현들이 지은 책에 ≪근사록近思錄≫, ≪가례家禮≫, ≪심경心經≫, ≪이정전서二程全書≫, ≪주자대전朱子大全≫, ≪어류語類≫ 및 기타 성리설性理說 같은 것을 마땅히 틈틈이 정독해서 뜻과 의치로 하여금 항상 내 마음에 젖어들어 어느 때고 간단間斷함이 없도록 하고, 남은 여가에 또한 역사책을 읽어 옛날과 지금의 일에 통하고 사물의 변에 통달하여 식견識見을 신장시켜야 할 것이다. 이단잡류異端雜類의 바르지 못한 책으로 말하면 잠깐 동안이라도 펼쳐 보아서는 안 된다.

어법

▣ [若~ 則~] : 만약 ~한다면 ~하다.(가정형)

→ 若異端雜類不正之書 則不可頃刻披閱也 : 만약 이단잡류의 바르지 못한 책으로 말하면 잠깐 동안이라도 펼쳐보아서는 안 된다.

▣ 之(관형격어기사) : ~의, ~하는

→ 宋之先正所著之書 : 宋나라의 선현들이 지은 바의 책

奧 : 깊을 오　契 : 합할 계　悟 : 깨달을 오　環 : 고리 환　熟 : 익을 숙　理 : 다스릴 리
會 : 알 회　著 : 지을 저　程 : 공부 정　浸 : 잠길 침　灌 : 물댈 관　達 : 통달할 달　頃 : 잠깐 경
刻 : 시각 각　披 : 헤칠 피　閱 : 볼 열

▣ 以(전치사): '以(之)'의 생략형. (그것)으로써 ~하다.
→ 以(之)長識見: (그것으로)써 識見을 신장하다.

凡讀書에 必熟讀一冊하여 盡曉義趣하여 貫通無疑然後에 乃改讀他書요 不可貪多務得하여 忙迫涉獵也니라

무릇 책을 읽을 때에는 반드시 한 책을 익숙히 읽어서 의취義趣를 다 깨달아 꿰뚫어 통달하고 의심이 없은 뒤에야 다시 다른 책을 읽을 것이요, 많이 읽기를 탐하고 얻기를 힘써서 바삐 섭렵涉獵하지 말아야 한다.

어법

▣ 〔不可~〕: ~하지 말아야 한다.(금지형) 부정사 '不'과 조동사 '可'가 호응하여 '금지형'을 나타내고 있다.
→ 不可貪多務得 忙迫涉獵也: 많이 읽기를 탐하고 얻기를 힘써서 바삐 섭렵하지 말아야 한다.

曉: 깨달을 **효**　趣: 뜻 **취**　貫: 꿸 **관**　忙: 바쁠 **망**　迫: 급할 **박**　涉: 건널 **섭**
獵: 넘을 **렵**; 사냥하다

事親章 第五

凡人이 **莫不知親之當孝**로되 **而孝者甚鮮**하니 **由不深知父母之恩故也**라 **詩不云乎**아 **父兮生我**하시고 **母兮鞠我**하시니 **欲報之德**인댄 **昊天罔極**이라하니 **人子之受生**에 **性命血肉**이 **皆親所遺**라 **喘息呼吸**에 **氣脈相通**하니 **此身**이 **非我私物**이요 **及父母之遺氣也**라 **故**로 **曰 哀哀父母**여 **生我劬勞**라하니 **父母之恩**이 **爲如何哉**아 **豈敢自有其身**하여 **以不盡孝於父母乎**아 **人能恒存此心**이면 **則自有向親之誠矣**리라

무릇 사람들이 부모에게 마땅히 효도해야 함을 알지 못하는 이가 없으되 효도하는 자가 심히 드무니, 이것은 부모의 은혜를 깊이 알지 못하는 데서 말미암은 연고이다. ≪시경詩經≫에 이르지 않았는가. "아버지여! 나를 낳으시고, 어머니여! 나를 기르시니, 그 은덕을 갚고자 할진댄 〈그 은덕이〉 하늘같아 다함이 없다." 하였으니, 자식이 생명을 받을 적에 성명性命과 혈육血肉이 모두 어버이가 남겨주신 것이다. 숨을 쉬어 호흡함에 기맥氣脈이 서로 통하니, 이 몸은 나의 사유물私有物이 아니요, 바로 부모께서 남겨주신 기운이다. 그러므로 〈≪시경≫에〉 "슬프고 슬프다. 부모여! 나를 낳으시느라 수고하셨다." 하였으니, 부모의 은혜가 어떠한가. 어찌 감히 스스로 자기 몸을 소유하여 부모에게 효도를

事:섬길 **사** 鮮:적을 **선** 兮:어조사 **혜** 鞠:기를 **국** 昊:하늘 **호** 罔:없을 **망**
極:다할 **극** 遺:끼칠 **유** 喘:헐떡거릴 **천** 息:숨쉴 **식** 呼:부를 **호**;숨을 내뿜다
吸:숨들여마실 **흡** 哀:슬플 **애** 劬:힘쓸 **구** 勞:수고할 **로** 恒:항상 **항**

다하지 않겠는가? 사람이 능히 항상 이 마음을 둔다면 저절로 부모를 향한 정성이 있을 것이다.

어법

▣ 〔如何~ 哉〕: 어떠한가?(의문형)

→ 父母之恩 爲如何哉 : 부모의 은혜가 어떠한가?

▣ 〔豈敢~ 乎〕: 어찌 감히 ~하겠는가?(반어형)

→ 豈敢自有其身 以不盡孝於父母乎 : 어찌 감히 스스로 그 몸을 소유하여 부모에게 효도를 다하지 않겠는가?

▣ 之의 쓰임

① 之(목적격어기사) : 知親之當孝 → 知當孝於親(부모에게 마땅히 효도해야 함을 알다.)

② 之(관형격어기사) : 父母之恩(부모의 은혜)

③ 之(주격어기사) : 人子之受生(자식이 생명을 받다)

④ 之(대명사) : 그(것)의, 이(것)의 欲報之德(그의 은덕을 갚고자 하다)

▣ 兮(감탄어기사) : ~여, ~로다

→ 父兮 : 아버지시여

▣ 以(접속사) : ~하여(결과, 목적)

→ 自有其身 以不盡孝於父母 : 스스로 그 몸을 소유하여 부모에게 효도를 다하지 않다.

凡事父母者 一事一行을 毋敢自專하여 必稟命而後行이니 若事之可爲者를 父母不許어시든 則必委曲陳達하여 頷可而後行이요 若終不許라도 則亦不可直遂其情也니라

무릇 부모를 섬기는 자는 한 가지 일과 한 가지 행실을 감히 스스로 오로지 하지 말아, 반드시 부모에게 명命을 품稟한 뒤에 행할 것이다. 만일 일에 해야 할 것을 부

毋 : 말 무 　傳 : 오로지 전 　稟 : 여쭐 품 　委 : 자세할 위 　曲 : 곡진할 곡 　陳 : 아뢸 진
頷 : 허락할 함 　遂 : 이룰 수

모가 허락하지 않으시거든 반드시 자세히 말씀드려서 허락하신 뒤에 행할 것이요, 만일 마침내 허락하지 않으시더라도 또한 곧바로 제 뜻을 이루어서는 안 된다.

어법

▣ 〔若~ 則~〕: 만약 ~한다면 ~하다.(가정형)

→ 若終不許 則亦不可直遂其情也: 만약 마침내 허락하지 않으면(않으시더라도) 또한 그 뜻을 곧바로 이루어서는 안 된다.

每日未明而起하여 盥櫛衣帶하고 就父母寢所하여 下氣怡聲하여 問燠寒安否하며 昏則詣寢所하여 定其褥席하고 察其溫涼하며 日間侍奉에 常愉色婉容하여 應對恭敬하고 左右就養하여 極盡其誠하며 出入에 必拜辭拜謁이니라

매일 날이 밝기 전에 일어나 세수하고 머리 빗고 옷을 입고 띠를 띠고서 부모의 침소寢所로 나아가 기운을 낮추고 목소리를 화和하게 하여 덥고 추움과 편안하고 편안하지 않음을 여쭙고, 날이 어두우면 침소에 나아가 이부자리를 정해드리고, 따뜻한지 서늘한지를 살펴보며, 낮 동안 받들어 모실 적에 항상 얼굴빛을 온화하게 하고 용모를 공손히 하여 응대應對하기를 공경히 하고, 좌우로 나아가 봉양하여 그 정성을 극진히 하며, 나가고 들어올 적에 반드시 절하고 하직하며, 절하고 뵈어야 한다.

어법

▣ 而(접속사): ~하여, 그리고

→ 每日未明而起: 매일 날이 밝지 아니하여 일어나다.

盥: 세수할 관　櫛: 빗질할 즐　帶: 띠 대　就: 나아갈 취　寢: 잘 침　下: 낮출 하
怡: 화할 이　燠: 더울 욱　詣: 나아갈 예　褥: 요 욕　涼: 서늘할 량　侍: 모실 시
愉: 화할 유　婉: 공손할 완　拜: 절 배　辭: 하직할 사　謁: 뵐 알

▣ 則(접속사) : ~하면
→ 昏則詣寢所 : 어두우면 침소에 나아가다.

今人이 多是被養於父母하고 不能以己力養其父母하니 若此奄過日月이면 則終無忠養之時也리라 必須躬幹家事하여 自備甘旨然後에 子職乃修니 若父母堅不聽從이면 則雖不能幹家나 亦當周旋補助하여 而盡力得甘旨之具하여 以適親口 可也니라 若心心念念이 在於養親이면 則珍味를 亦必可得矣리라 每念王延[6]이 隆冬盛寒에 體無全衣호되 而親極滋味하여 令人感歎流涕也리라

6 王延 : 진晋나라 때 전조前趙의 효자이다.

지금 사람들은 대부분 부모에게 양육을 받기만 하고 자기 힘으로써 부모를 봉양하지 못하니, 이와 같이 하여 문득 세월을 보낸다면 끝내 정성으로 봉양할 때가 없을 것이다. 반드시 몸소 집안일을 주간하여 스스로 맛있는 음식을 마련한 뒤에야 자식의 직분을 이에 닦는 것이니, 만일 부모께서 굳이 들어주지 않으시면 비록 집안일을 주간하지 못하나, 또한 마땅히 주선하고 보조해서 힘을 다해 맛있는 음식을 얻어, 어버이의 입에 맞도록 함이 옳다. 만일 마음과 생각이 어버이를 봉양하는 데 있다면, 진미珍味를 또한 반드시 얻을 수 있을 것이다. 매양 왕연王延이 한겨울 몹시 추운 때에 자기 몸에는 성한 옷이 없었으되, 어버이에게 맛있는 음식을 극진하게 대접한 것을 생각하면 사람들로 하여금 감탄하고 눈물을 흘리게 할 것이다.

奄 : 문득 **엄** 過 : 지날 **과** 躬 : 몸소 **궁** 幹 : 주간할 **간** 備 : 갖출 **비** 堅 : 굳을 **견**
旋 : 주선할 **선** 適 : 맞을 **적** 若 : 만약 **약** 念 : 생각 **념** 延 : 뻗을 **연** 隆 : 높을 **륭**
滋 : 맛있을 **자** 令 : 하여금 **령** 歎 : 탄식할 **탄** 涕 : 눈물 **체**

어법

▣ 〔被~ 於~〕: ~에게 ~당하다.(피동형)

→ 今人 多是被養於父母 : 지금 사람들은 대부분 부모에게 양육을 받다.

▣ 是 : 강세어조사. → 多是 : 대부분

▣ 〔若~ 則~〕'만약 ~이면 ~이다.(가정형)

→ 若心心念念 在於養親 則珍味 亦必可得矣 : 만일 마음과 생각이 어버이를 봉양하는 데 있다면 맛있는 음식을 또한 반드시 얻을 수 있을 것이다.

▣ 令~ : ~로 하여금 ~하게 하다.(사역형) 사동사 '令'이 문장에 사용되어 '사동형'의 구조를 나타낸다. '使'와 쓰임이 같다.

→ 令人感歎流涕也 : 사람으로 하여금 감탄하고 눈물을 흘리게 하다.

人家父子間에 **多是愛逾於敬**하니 **必須痛洗舊習**하여 **極其尊敬**이니 **父母所坐臥處**에 **子不敢坐臥**하며 **所接客處**에 **子不敢接私客**하며 **上下馬處**에 **子不敢上下馬 可也**니라

사람들 집안에서 부자간에 대부분 사랑이 공경보다 지나치니, 반드시 모름지기 옛 습관을 통렬히 씻어버려, 존경을 극진히 하여야 한다. 부모가 앉고 누우시는 곳에는 자식이 감히 앉고 눕지 않으며, 부모가 손님을 접대하시는 곳에는 자식이 감히 사사로운 손님을 접대하지 않으며, 부모가 말을 타고 내리시는 곳에는 자식이 감히 말을 타고 내리지 않는 것이 옳다.

어법

▣ 不敢~ : 감히 ~하지 못하다.(부정형)

→ 父母所坐臥處 子不敢坐臥 : 부모가 앉고 눕는 곳에는 자식이 감히 앉고 눕지 않는다.

▣ 於(전치사) : ~보다(비교) → 愛逾於敬 : 사랑이 공경보다 지나치다.

▣ 所(불완전명사) : ~하는 곳(바) → 所接客處 : 손님을 접대하는 바의 곳

逾 : 넘을 **유** 痛 : 아플 **통** 細 : 씻을 **세** 臥 : 누울 **와** 上 : 오를 **상** 下 : 내릴 **하**

父母之志 若非害於義理어든 則當先意承順하여 毫忽不可違요 若其害理者는 則和氣怡色柔聲以諫하여 反覆開陳하여 必期於聽從이니라

부모의 뜻이 만일 의리에 해로운 것이 아니면, 마땅히 부모의 뜻을 먼저 알아차리고 받들어 순종하여 조금이라도 어기지 말 것이요, 만일 의리에 해로운 것이면 기운을 온화하게 하고 얼굴빛을 화하게 하며 음성을 부드럽게 하여 간해서, 반복하여 아뢰어 반드시 들어 따르시게 하기를 기약하여야 한다.

어법

▣ 〔若~ 則~〕: 만일 ~하면 ~하다.(가정형)

→ 若其害理者 則和氣怡色柔聲以諫 反覆開陳 : 만일 의리에 해로운 것이면 기운을 온화하게 하고 얼굴빛을 기쁘게 하며 음성을 부드럽게 하여 간해서 반복하여 아뢴다.

▣ 於(전치사) : ~에(까지)(결과)

→ 必期於聽從 : 반드시 들어 따르시도록 하는 데에 〈까지〉 기약하다.

▣ 以(접속사) : ~하여(순접의 '而'와 쓰임이 같음)

→ 柔聲以諫 : 음성을 부드럽게 하여 간하다.

父母有疾이어시든 心憂色沮하여 捨置他事하고 只以問醫劑藥爲務니 疾止어시든 復初니라

부모께서 병환이 있으시거든 마음으로 근심하고 얼굴빛이 저상沮喪되어, 다른 일은 버려두고 다만 의원에게 묻고 약을 짓는 일을 힘쓸지니, 병이 그치시거든 처음 하던 일을 회복할 것이다.

承 : 받들 승　違 : 어길 위　怡 : 화할 이　柔 : 부드러울 유　諫 : 간할 간　覆 : 반복할 복
陳 : 말할 진　期 : 기약할 기　沮 : 꺾일 저　捨 : 버릴 사　置 : 둘 치　劑 : 약지을 제
復 : 회복할 복

어법

▣ 〔以A爲B〕: A로써 B를 삼다.

→ 以<u>問醫劑藥</u>爲<u>務</u>: 의원에게 묻고 약을 짓는 일로써(에) 힘쓰다.
A B

日用之間, 一毫之頃을 **不忘父母然後**에 **乃名爲孝**니 **彼持身不謹**하며 **出言無章**하여 **嬉戲度日者**는 **皆是忘父母者也**니라

일상 생활하는 사이와 잠깐 동안이라도 부모를 잊지 않은 뒤에야 효도한다고 이름할 수 있으니, 저 몸가짐을 삼가지 않으며 말을 냄이 법도가 없어 장난으로 세월을 보내는 자는 모두 부모를 잊은 자이다.

어법

▣ 〔~者 ~者也〕: ~한 사람(것)은 ~사람(것)이다.

→ 嬉戲度日者 皆是忘父母者也: 장난으로 세월을 보내는 자는 모두 부모를 잊은 자이다.

▣ 是: 강세어조사. → 多是: 대부분

▣ 者(불완전명사): ~사람(것, 바, 일)

▣ 也(종결어기사): ~이다.

日月이 **如流**하여 **事親**을 **不可久也**라 **故**로 **爲子者須盡誠竭力**하여 **如恐不及**이 **可也**니라 **古人詩曰 古人一日養**을 **不以三公換**이라하니 **所謂愛日者如此**니라

세월이 흐르는 물과 같아서 어버이 섬기기를 오래 할 수 없다. 그러므로 자식

頃: 잠깐 **경** 持: 가질 **지** 謹: 삼갈 **근** 嬉: 장난할 **희** 度: 보낼 **도** 竭: 다할 **갈**
換: 바꿀 **환** 愛: 아낄 **애**

된 자는 모름지기 정성을 다하고 힘을 다하여, 미치지 못할 듯이 함이 옳다. 옛 사람의 시詩에 이르기를, "옛날 사람은 하루의 봉양을 삼공三公과도 바꾸지 않는다." 하였으니, 이른바 날짜를 아낀다는 것이 이와 같다.

어법

▣ 不~ : ~아니하다.(부정형)

→ 古人一日養 不以三公換 : 옛날 사람은 하루의 봉양을 三公으로도 바꾸지 않는다.

▣ 故(접속사) : 그런 까닭에, 고로

→ 日月如流…故 爲子者…可也 : 세월이 흐르는 물과 같아서…그러므로 자식된 자는…옳다.

喪制章 第六

喪制는 當一依朱文公家禮니 若有疑晦處어든 則質問于先生長者識禮處하여 必盡其禮 可也니라

상제喪制는 마땅히 한결같이 주문공朱文公(朱子)의 ≪가례家禮≫를 따라야 하니, 만일 의심스럽거나 모르는 곳이 있거든 선생이나 어른으로서 예禮를 아는 곳에 질문해서 반드시 그 예를 다하는 것이 옳다.

어법

▣ 〔若~ 則~〕: 만일 ~하면 ~하다.(가정형)

→ 若有疑晦處 則質問于先生長者識禮處 : 만일 의심스럽거나 모르는 곳이 있으면 선생이나 어른으로 예를 아는 분(곳)에게 질문하다.

▣ 于(전치사) : '於'와 같음, ~에게(대상)

→ 質問于先生長者 : 선생이나 어른에게 질문하다.

復[7]時에 俗例必呼小字[8]하니 非禮也라 少者則猶可呼名이어니와 長者則不可呼名이요 隨生時所稱이 可也니라〔婦女尤不宜呼名〕

7 復 : 초혼招魂할 때에 죽은 사람의 옷을 가지고 옥상屋上에 올라가 북쪽을 향해 복복복復復復하고 외치니, 죽은 사람이 회생回生하기를 바란 것이다.

8 小字 : 어렸을 때의 자字나 이름을 가리킨다.

복復을 부를 때에 세속의 관례는 반드시 소자小字를 부르니, 예가 아니다. 젊

喪:초상 **상** 依:의지할 **의** 晦:어두울 **회** 復:돌아올 **복** 字:자 **자** 隨:따를 **수**

은 사람이면 오히려 이름을 부를 수 있지만, 어른이면 이름을 불러서는 안 되고 살았을 적에 일컫던 바를 따르는 것이 옳다.〔부녀자는 더더욱 이름을 불러서는 안 된다.〕

어법

▣ ~則~:(만일) ~하면 ~하다.(가정형)

→ 少者則猶可呼名:젊은 사람이면 오히려 이름을 부를 수 있다.

→ 長者則不可呼名:어른이면 이름을 부르지 않아야(말아야) 한다.

▣ 所(불완전명사):~하는 것(바)

→ 生時所稱:살아 있을 적에 일컫던 바

母喪에 父在則父爲喪主니 凡祝辭를 皆當用夫告妻之例也니라

어머니 상에 아버지가 살아계시면 아버지가 상주가 되니, 모든 축사祝辭(祝文)를 모두 마땅히 남편이 아내에게 고하는 예例를 써야 한다.

어법

▣ ~也:~는 ~이다.(긍정형) 종결어기사 '也'가 쓰여 '긍정형'의 구조를 이룬다.

→ 凡祝辭 皆當用夫告妻之例也:모든 축사는 모두 마땅히 남편이 아내에게 고하는 예를 써야 한다.

▣ 則(접속사):~하면 ~이다.

→ 父在則父爲喪主:아버지가 살아 계시면 아버지가 상주가 된다.

父母初沒에 妻妾婦及女子는 皆被髮하고 男子則被髮扱上衽徒跣이니라〔小斂後 男子則袒括髮 婦人則髽〕 若子爲他人後者와 及女子已嫁者는 皆不被髮徒跣이니라〔男子則免冠〕

祝:빌 축　夫:남편 부　妻:아내 처　沒:죽을 몰　被:흐트러뜨릴 피　揷:꽂을 삽
衽:옷섶 임　徒:한갓 도　跣:발벗을 선　嫁:시집갈 가

부모가 처음 돌아가시면 아내와 첩, 며느리와 딸은 모두 머리를 풀고, 남자들은 머리를 풀고 옷깃을 걷어 올리고 맨발을 한다.〔소렴小斂을 한 뒤에는 남자는 왼쪽 어깨를 드러내고 머리를 묶으며 부인은 머리를 묶는다.〕 만일 아들로서 남의 양자가 된 자와 딸로서 이미 출가한 자는 모두 머리를 풀거나 맨발을 하지 않는다.〔남자는 관을 벗는다.〕

어법

▣ 若~ : 만일 ~하면 ~하다.(가정형)

→ 若子爲他人後者 及女子已嫁者 皆不被髮徒跣 : 만일 아들로서 남의 양자가 된 자와 딸로서 이미 출가한 자는(면) 모두 머리를 풀거나 맨발을 하지 않는다.

▣ 及(접속사) : ~와(과)

→ 妻妾婦及女子 : 아내, 첩, 며느리와 딸

▣ 則(부사) : 곧, 바로

→ 男子則袒括髮 : 남자들은 곧(바로) 머리를 푼다.

尸在牀而未殯엔 **男女位于尸傍**이면 **則其位南上**이니 **以尸頭所在爲上也**요 **旣殯之後**엔 **女子則依前位于堂上**호되 **南上**하고 **男子則位于階下**호되 **其位當北上**이니 **以殯所在爲上也**요 **發引時**엔 **男女之位復南上**이니 **以靈柩所在爲上也**니 **隨時變位而各有禮意**니라

시체가 침상寢牀에 있어 아직 빈소殯所하지 않았을 때에는 남녀가 시체 곁에 자리하게 되면 그 위치는 남쪽을 위로 하니, 이는 시체의 머리가 있는 곳을 위로 하는 것이요, 이미 빈소한 뒤에는 여자들은 앞서대로 당의 위에 자리하되 남쪽을 위로 하고, 남자들은 뜰 아래에 자리하되 그 위치는 마땅히 북쪽을 위로

殯 : 빈소 **빈**　尸 : 주검 **시**　傍 : 곁 **방**　依 : 따를 **의**　階 : 섬돌 **계**　引 : 상여줄 **인**　復 : 다시 **부**
柩 : 널 **구**

하니, 빈소가 있는 곳을 위로 하는 것이요, 발인發引(發靷)할 때에는 남녀의 위치가 다시 남쪽을 위로 하니, 영구가 있는 곳을 위로 하는 것이다. 때에 따라 위치를 변하되 각각 예의 뜻이 있는 것이다.

어법

▣ ~則~ : (만약) ~하면 ~하다.(가정형)

→ 男女位于尸傍 則其位南上 : 남녀가 시체 곁에 자리를 잡고 있으면 그 위치는 남쪽을 위로 한다.

▣ 于(전치사) : ~에(로)(방향·처소)

→ 男女位于尸傍 : 남녀가 시체 곁에 자리를 잡다.

▣ 以(전치사) : ~ 때문이다.(원인)

→ 其位當北上 以殯所在爲上也 : 그 위치는 마땅히 북쪽을 위로 하니 빈소가 있는 곳을 위로 하기 때문이다.

今人이 **多不解禮**하여 **每弔客致慰**에 **專不起動**하고 **只俯伏而已**하니 **此非禮也**라 **弔客**이 **拜靈座而出**이어든 **則喪者當出自喪次**하여 **向弔客**하여 **再拜而哭**이 **可也**니라〔弔客當答拜〕

지금 사람들이 대부분 예를 알지 못하여, 매양 조객이 위로할 때에 전혀 기동하지 않고 다만 엎드려 있을 뿐이니, 이것은 예가 아니다. 조객이 영좌靈座에 절하고 나오거든 상주喪主는 마땅히 상차喪次로부터 나와서 조객을 향하여 두 번 절하고 곡함이 옳다.〔조객도 마땅히 절해야 한다.〕

어법

▣ 非~ : ~가 아니다(부정형) '非+명사'의 구조를 가져 '~가(이) 아니다'의 뜻을 지닌다.

→ 此非禮也 : 이것은 예가 아니다.

解 : 알 **해**　弔 : 조상할 **조**　致 : 이룰 **치**　慰 : 위로할 **위**　俯 : 구부릴 **부**　伏 : 엎드릴 **복**
座 : 자리 **좌**　次 : 머무를 **차**　哭 : 울 **곡**

▣ ~則~ : (만일) ~하면 ~하다.(가정형)

→ 弔客拜靈座而出 則喪者當出自喪次 : 조객이 영좌에 절하고 나오면 상제가 마땅히 상차로부터 나와야 한다.

▣ 自(전치사) : ~로부터 → 喪者當出自喪次 : 상제가 마땅히 상차로부터 나오다.

衰絰은 非疾病服役이면 則不可脫也니라

상복과 수질首絰이나 요질腰絰은 질병에 있거나 일하는 경우가 아니면 벗지 않아야 한다.

어법

▣ 〔非~ 則不〕~ : ~가 아니면 ~아니하다.(가정형, 부정형, 금지형)

→ 衰絰 非疾病服役 則不可脫也 : 상복과 수질이나 요질은 질병이 있거나 일하는 경우가 아니면 벗지 않아야 한다.

家禮에 父母之喪엔 成服之日에 始食粥하고 卒哭之日에 始疏食〔糲飯也〕 水飲하고〔不食羹也〕 不食菜果하며 小祥之後에 始食菜果하니〔羹亦可食〕 禮文如此하니 非有疾病이면 則當從禮文이니라 人或有過禮而啜粥三年者하니 若是誠孝出人하여 無一毫勉强之意면 則雖過禮라도 猶或可也어니와 若誠孝未至어늘 而勉强踰禮면 則是自欺而欺親也니 切宜戒之니라

≪가례家禮≫에 부모의 상에는 성복成服하는 날에 비로소 죽을 먹고, 졸곡卒哭하는 날에 비로소 거친 밥〔곱게 쓿지 않은 곡식으로 지은 밥이다.〕과 물만 마시고〔국을 먹지 않는다.〕 채소와 과일은 먹

衰 : 상복 **최**　絰 : 끈(首絰, 腰絰) **질**　服 : 일할 **복**;상복　脫 : 벗을 **탈**　粥 : 죽 **죽**　卒 : 마칠 **졸**
疏 : 거칠 **소**　菜 : 나물 **채**　果 : 과실 **과**　祥 : 길할 **상**　啜 : 먹을 **철**　出 : 뛰어날 **출**
强 : 억지로 **강**　踰 : 넘을 **유**

지 않으며, 소상小祥이 지난 뒤에야 비로소 채소와 과일을 먹는다.[국도 먹을 수 있다.] 예문禮文이 이와 같으니, 질병에 있지 않으면 당연히 예문을 따라야 한다. 사람들이 혹 예에 지나쳐서 3년 동안 죽을 먹는 자가 있으니, 만일 효성이 남보다 출중하여, 조금도 힘써서 억지로 하는 뜻이 없다면 비록 예에 지나치더라도 오히려 가하거니와, 만일 효성이 지극하지 못하면서 힘써 억지로 하여 예에 지나치게 한다면 이것은 자신을 속이고 어버이를 속이는 것이니, 절대로 마땅히 경계해야 한다.

어법

▣ ~則~: (만일) ~하면 ~하다.(가정형)

→ 非有疾病 則當從禮文: 질병이 있지 않으면 당연히 예문을 따라야 한다.

▣ 之(대명사): 이것(그것)을

→ 切宜戒之: 절대로 마땅히 이것을 경계해야 한다.

▣ 而(접속사): 그리고, ~하여(순접)

→ 是自欺而欺親也: 이것은 자신을 속이고 어버이를 속이는 것이다.

今之識禮之家 多於葬後返魂하니 **此固正禮**로되 **但時人效顰**하여 **遂廢廬墓之俗**하고 **返魂之後**에 **各還其家**하여 **與妻子同處**하여 **禮坊大壞**하니 **甚可寒心**이라 **凡喪親者 自度**(탁)**一一從禮**하여 **無毫分虧欠**이어든 **則當依禮返魂**이어니와 **如或未然**이면 **則當依舊俗廬墓 可也**니라

지금에 예법을 아는 집안들이 대부분 장사지낸 뒤에 반혼返魂하니, 이것은 진실로 바른 예이되, 다만 요즈음 사람들은 남의 흉내를 내어 마침내 여묘廬墓

葬: 장사지낼 **장** 反: 돌아올 **반** 魂: 혼 **혼** 固: 진실로 **고** 效: 본받을 **효** 顰: 찌푸릴 **빈**
遂: 마침내 **수** 廢: 폐할 **폐** 廬: 집 **려**; 움집 墓: 무덤 **묘** 坊: 막을 **방** 壞: 무너질 **괴**
度: 헤아릴 **탁** 虧: 이지러질 **휴** 欠: 모자랄 **흠**

하는 풍속을 폐하고 반혼한 뒤에 각각 자기 집으로 돌아와 처자식들과 함께 거처하여, 예방(예법)이 크게 무너지니, 몹시 한심스럽다. 무릇 어버이를 잃은 자는 일일이 예를 따를 수 있는가 스스로 헤아려 조금도 모자라는 것이 없다면 마땅히 예를 따라 반혼할 것이요, 만일 혹 그렇지 못하면 옛 풍속을 따라 여묘廬墓하는 것이 옳다.

어법

▣ ~則~ : (만일) ~하면 ~하다.(가정형)

→ 無毫分虧欠 則當依禮返魂 : 조금도 모자라는 것이 없다면 마땅히 예를 따라 반혼한다.

▣ 之(접미사) : 부사화접미사. '시간표시명사+之', ~에 → 今之 : 지금에

▣ 於(전치사) : ~에(시간) → 於葬後 : 장례 지낸 후에

▣ 與(전치사) : ~와 더불어 → 與妻子同處 : 처자식과 더불어 함께 거처하다.

親喪엔 **成服之前**에 **哭泣**을 **不絶於口**하고〔氣盡則令婢僕代哭〕**葬前**에 **哭無定時**하여 **哀至則哭**하며 **卒哭後則朝夕哭二時而已**니 **禮文**이 **大概如此**어니와 **若孝子情至**면 **則哭泣**이 **豈有定數哉**아 **凡喪**은 **與其哀不足而禮有餘也**론 **不若禮不足而哀有餘也**니 **喪事**는 **不過盡其哀敬而已**니라

어버이의 상에 성복하기 전에는 곡하고 우는 것을 입에서 끊어지지 않게 하고,〔기진하면 하인으로 대신 곡하게 한다.〕 장사 지내기 전에는 곡을 함에 정한 때가 없이 하여 슬픔이 지극하면 곡하며, 졸곡卒哭을 지낸 뒤에는 아침과 저녁 두 때에만 곡할 뿐이다. 예문이 대개 이와 같거니와, 만일 효자가 정이 지극하면 곡하고 우는 것이 어찌 정한 수數가 있겠는가? 무릇 초상에는 슬픔이 부족하고 예가 유여有餘(충분함)하

泣 : 울 **읍**　絶 : 끊을 **절**　志 : 지극할 **지**　槪 : 대개 **개**

기보다는 예가 부족하고 슬픔이 유여함만 못하니, 상사喪事는 그 슬픔과 공경을 다함에 지나지 않을 뿐이다.

어법

▣ ~則~ : (만일) ~하면 ~하다.(가정형)

→ 卒哭後 則朝夕哭二時而已 : 졸곡을 한 뒤이면 아침과 저녁 두 때에만 곡할 뿐이다.

▣ 〔豈~ 哉〕 : 어찌 ~하겠는가?(반어형)

→ 豈有定數哉 : 어찌 정한 수가 있겠는가?

▣ 〔與其~ 不若〕 : ~하기 보다는 ~하는 것만 같지 못하다(비교형). '與其'와 '不若'이 호응관계를 이루어 '비교형'의 구조를 이룬다.

→ 與其哀不足而禮有餘也 不若禮不足而哀有餘也 : 그 슬픔이 부족하고 예가 충분하기보다는, 예가 부족하고 슬픔이 충만함만 못하다.

▣ 於(전치사) : ~에(서)(대상, 장소)

→ 不絶於口 : 입에서 끊이지 않다.

▣ 與(접속사) : ~보다(與其~寧)의 비교문을 이룬다.

→ 與其哀不足而禮有餘也 : 슬픔이 부족하고 예가 유여하기보다

曾子曰 人未有自致者也나 **必也親喪乎**인저하시니 **送死者**는 **事親之大節也**니 **於此**에 **不用其誠**이면 **惡**(오)**乎用其誠**이리오 **昔者**에 **小連大連**이 **善居喪**하여 **三日不怠**하고 **三月不懈**하고 **期悲哀**하고 **三年憂**하니 **此是居喪之則也**라 **孝誠之至者**는 **則不勉而能矣**어니와 **如有不及者**는 **則勉而從之 可也**니라

曾 : 일직 증　致 : 다할 치　送 : 보낼 송　惡 : 어찌 오　連 : 이을 련　怠 : 게으를 태
懈 : 게으를 해　期 : 기년 기　悲 : 슬플 비　則 : 법칙 칙

증자가 말씀하시기를, “사람은 스스로 〈정성을〉 지극히 하는 자가 있지 않으나, 반드시 어버이의 상에는 지극히 해야 할 것이다.” 하셨으니, 죽은 이를 장사 지내는 것은 어버이를 섬기는 큰 예절이다. 여기에 그 정성을 쓰지 않는다면 어디에 그 정성을 쓰겠는가. 옛날에 소련小連과 대련大連은 거상을 잘하여 3일 동안 게을리하지 않고, 석 달 동안 태만히 하지 않고, 1년간 슬퍼하고, 3년 동안 근심하였으니, 이것이 바로 거상하는 법칙이다. 효성이 지극한 자는 힘쓰지 않아도 능하거니와, 만일 미치지 못함이 있는 자는 힘써서 예를 따름이 옳다.

어법

▣ 〔惡乎〕: 어디에 ~하겠는가?(의문형). 의문사 '惡(오)'와 의문어기사 '乎'가 호응하여 '惡~乎'의 의문형을 이루는 구조가 '惡乎'로 표현되었다.

→ 惡用其誠乎→惡乎用其誠 : 어디에 그 정성을 쓰겠는가.

▣ ~則~ : ~하면 ~하다.(가정형)

→ 孝誠之至者 則不勉而能矣 : 효성이 지극한 자면 힘쓰지 않아도 능하다.

▣ 也(강세어기사) : '부사+也' → 必也 : 반드시

▣ 乎의 쓰임

① 乎(감탄어기사) : ~여, ~로다, ~인저

→ 親喪乎 : 어버이의 상이로다.

② 乎(의문어기사) : ~인가? ~냐?

→ 惡乎用其誠 : 어디에 그 정성을 쓰겠는가?

▣ 之(주격어기사) : ~이(가, 는)

→ → 孝誠之至者 : 효성이 지극한 자

▣ 者(접미사) : 부사화 접미사(시간), '시간표시명사+者'

→ 昔者 : 옛날에

人之居喪에 誠孝不至하여 不能從禮者는 固不足道矣어니와 間有質美而未學者하여 徒知執禮之爲

固 : 진실로 **고** 道 : 말할 **도**

孝하고 **而不知傷生之失正**하여 **過於哀毁**하여 **羸疾已作**호되 **而不忍從權**하여 **以至滅性者 或有之**하니 **深可惜也**라 **是故**로 **毁瘠傷生**을 **君子謂之不孝**니라

사람이 거상居喪할 때에 효성이 지극하지 못하여 예법을 따르지 못하는 자는 진실로 말할 것이 없거니와, 간혹 자질은 아름다우나 배우지 못한 자가 있어 한갓 예를 행하는 것이 효도가 되는 줄만 알고, 생명을 손상하는 것이 바른 도리를 잃는 것임을 알지 못하여, 슬퍼하고 훼손하기를 지나치게 해서 파리한 병이 이미 났는데도 차마 권도를 따르지 못하여 생명을 잃는 데 이르는 자가 간혹 있으니, 심히 애석하다. 그러므로 몸을 훼손하고 수척하게 하여 생명을 상함을 군자가 불효라 이르는 것이다.

어법

▣ 不~ : ~함이 없다(못하다).(부정형)

→ 不能從禮者 固不足道矣 : 예법을 따르지 못하는 자는 진실로 말할 것이 없다.

▣ 之(주격어기사) : ~이, 가, 는

→ 人之居喪 : 사람이 거상하다. → 執禮之爲孝 : 예를 행하는 것이 효도가 되다.

▣ 矣(종결어기사) : ~이다. → 固不足道矣 : 진실로 말할 것이 없다.

▣ 於(전치사) : ~에, ~을(를)(대상, 목적)

→ 過於哀毁 : 슬퍼하고 훼손하기를 지나치게 하다.

凡有服親戚之喪에 **若他處聞訃**어든 **則設位而哭**이니 **若奔喪**이면 **則至家而成服**하고 **若不奔喪**이면 **則四日成服**이니라 **若齊衰之服**이면 **則未成服前三日中**에 **朝**

毁 : 훼손할 **훼** 羸 : 파리할 **리** 作 : 일어날 **작** 忍 : 차마할 **인** 權 : 권도 **권** 滅 : 멸할 **멸**
惜 : 아낄 **석** 瘠 : 수척할 **척** 戚 : 겨레 **척** 訃 : 부고 **부** 奔 : 달려갈 **분** 齊 : 상복 **자**
衰 : 상복 **최**

夕爲位會哭이니라〔齊衰降大功者亦同〕

무릇 복을 입어야 할 친척의 상에 만일 다른 곳에서 부음訃音을 들었으면 신위神位를 설치하고 곡하니, 만일 초상에 달려가야 할 경우이면 그 집에 이르러 성복成服을 하고, 만일 초상에 달려가지 못할 경우이면 4일 만에 성복을 한다. 만일 자최복(1년복)을 입어야 할 초상이면 성복하기 전 3일 동안 아침저녁으로 신위神位를 설치하고 모여 곡한다.〔자최복으로서 대공大功(9개월)으로 낮추어진 자도 이와 같다.〕

어법

▣ 〔若~ 則~〕:(만일) ~하면 ~하다.(가정형)
→ 若他處聞訃 則設位而哭:만일 다른 곳에서 부음을 들었으면 신위를 설치하고 곡한다.

▣ 之(관형격 어기사):~의, ~하는
→ 有服親戚之喪:복이 있는 친척의 상

▣ 而(접속사):~하고, 그리고, ~하여(순접)
→ 至家而成服:집에 이르러 성복成服한다.

師友之義重者와 **及親戚之無服而情厚者**와 **與凡相知之分密者**는 **皆於聞喪之日**에 **若道遠**하여 **不能往臨其喪**이면 **則設位而哭**이니라 **師則隨其情義深淺**하여 **或心喪三年, 或期年, 或九月, 或五月, 或三月**이요 **友則雖最重**이나 **不過三月**이니라 **若師喪**에 **欲行三年期年者 不能奔喪**이어든 **則當朝夕設位而哭**하여 **四日而止**니라〔止於四日之朝 若情重者則不止此限〕

스승과 벗 중에서 정의情義가 중한 자와, 친척으로서 복服이 없으나 정의가

及:및 급　分:분수 분　密:가까울 밀　淺:얕을 천

두터운 자와, 무릇 서로 아는 자로서 교분交分이 친밀한 자는, 모두 상을 들은 날에 만약 길이 멀어 그 초상에 가서 임할 수 없으면 신위를 설치하고 곡한다. 스승이면 그 정의의 깊고 얕음에 따라 혹은 심상心喪 3년, 혹은 기년期年, 혹은 9개월, 혹은 5개월, 혹은 3개월을 할 것이요, 친구이면 비록 가장 중하더라도 3개월을 넘지 않는다. 만약 스승의 상에 3년복이나 기년복을 행하고자 하는 자가 분상奔喪할 수 없거든 마땅히 아침저녁으로 신위를 설치하고 곡하여, 4일 만에 그친다.〔4일째 아침에 그친다. 정이 중한 자라면 이 한정에 그치지 않는다.〕

어법

▣ 〔若~ 則~〕: (만약) ~하면 ~하다.(가정형)

→ 若師喪 欲行三年期年者 不能奔喪 則當朝夕設位而哭 : 만약 스승의 상에 3년이나 기년복을 행하고자 하는 자가 분상할 수 없으면 마땅히 아침 저녁으로 신위를 설치하고 곡한다.

▣ 友(접속사) : ~와(과)

→ 師友之義重者 及親戚之無服而情厚者 : 스승과 벗 중에서 정의가 중한 자와 친척으로서 복이 없으나 정의가 두터운 자

▣ 與(접속사) : ~와(과)

→ 親戚之無服而情厚者 與凡相知之分密者 : 친척으로서 복이 없으나 정의가 두터운 자와 무릇 서로 아는 자로서 교분이 친밀한 자.

▣ 於(전치사) : ~에(시간)

→ 於聞喪之日 : 상을 들은 날에

凡遭服者 每月朔日에 **設位服其服而會哭**하고〔師友雖無服亦同〕 **月數旣滿**이면 **則於次月朔日**에 **設位服其服**하고 **會哭而除之**니 **其間哀至則哭**이 **可也**니라

무릇 복을 입게 된 자는 매월 초하루에 신위를 설치하고, 그 복을 입고 모여서 곡하며,〔사우師友는 복이 없으나 또한 이와 같다.〕 달수가 이미 찼으면 다음 달 초하루에 신위를 설치하

遭 : 만날 **조**　朔 : 초하루 **삭**　次 : 버금 **차**　除 : 덜 **제**

고 그 복을 입고 모여서 곡하고는 상복을 벗을 것이니, 그 사이에 슬픔이 지극하면 곡하는 것이 옳다.

어법

▣ ~則~ : ~하면 ~하다.(가정형)

→ 月數旣滿 則於次月朔日 設位服其服 : 달수가 이미 찼으면 다음달 초하루에 신위를 설치하고 그 복을 입고……

▣ 於(전치사) : ~에(시간)

→ 於次月朔日 : 다음달 초하루에

▣ 之(대명사) : 이것, 그것

→ 會哭而除之 : 모여서 곡을 하고 그것을 벗다.

凡大功以上喪은 則未葬前에 非有故어든 不可出入이며 亦不可弔人이요 常以治喪講禮爲事니라

무릇 대공大功 이상의 상喪은 장사를 지내기 전에는 연고가 없거든 밖에 출입하지 않을 것이며, 또한 남의 조상弔喪도 하지 않을 것이요, 항상 초상을 치르고 예禮를 강講하는 것을 일삼아야 한다.

어법

▣ 以의 쓰임

① 以[어기사, 조사助辭] : '범위', '방위', '시간'을 표시하는 말과 같이 쓰임

→ 大功以上 : 대공이상

② 以(전치사) : ~으로써(대상, 목적)

→ 以治喪講禮 : 초상을 치르고 예를 강하는 것으로

故 : 연고 **고**　弔 : 조문할 **조**

祭禮章 第七

祭祀는 當依家禮하여 必立祠堂하여 以奉先主하고 置祭田, 具祭器하여 宗子主之니라

제사는 마땅히 ≪가례家禮≫에 따라 반드시 사당祠堂을 세워서 선조의 신주神主를 받들고, 제전祭田을 설치하고 제기祭器를 마련하여 종자宗子가 이를 주관할 것이다.

어법

▣ 祭祀‖當依家禮 必立｜祠堂(S‖AP｜O): 제사는 마땅히 ≪가례≫에 따라 반드시 사당을 세운다.

▣ 以(접속사): ~하여

→ 必立祠堂 以奉先主: 반드시 사당을 세워, 선조의 신주를 받든다.

▣ 之(대명사): 이것, 그것

→ 宗子主之: 종자가 이를 주관하다.

主祠堂者는 每晨에 謁于大門之內하여 再拜하고 〔雖非主人 隨主人同謁 無妨〕 出入에 必告이니라

사당을 주관하는 자는 매일 새벽마다 대문 안에서 배알拜謁하여 두 번 절하고〔주인〔宗子〕이 아니더라도 주인을 따라 함께 뵙는 것도 무방하다.〕 출입할 때는 반드시 고告한다.

어법

▣ 主祠堂者‖謁 / (于)大門之內(DS‖P / (于)DC): 사당을 주관하는 자는 대문 안에서 뵌다.

祭: 제사 **제**　祀: 제사 **사**　祠: 사당 **사**　置: 둘 **치**　具: 갖출 **구**　主: 주관할 **주**　晨: 새벽 **신**
謁: 뵐 **알**　告: 아뢸 **고/곡**

▣ 于(전치사):~에서(처소, 장소) → 謁于大門之內:대문의 안에서 뵌다.

或有水火盜賊이어든 則先救祠堂하여 遷神主遺書하고 次及祭器하고 然後及家財니라

혹 수재나 화재나 도적이 있으면 먼저 사당을 구원하여 신주神主와 유서遺書를 옮기고, 다음에 제기祭器에 미치고 그런 뒤에 가재家財에 미쳐야 한다.

어법

▣ ~則~:~하면 ~하다.(가정형)

→ 或有水火盜賊 則先救祠堂:혹 수재나 화재나 도적이 있으면, 먼저 사당을 구한다.

正〔正朝〕至〔冬至〕朔〔一日〕望〔十五日〕則參(참)하고 俗節則薦以時食이니라

정월 초하루〔正朝〕와 동짓날〔冬至〕과 초하루〔朔〕와 보름날〔望〕이면 〈사당에〉 참배하고, 속절俗節(명절)이면 시절時節의 음식을 올린다.

어법

▣ 則(접속사):~이면 ~이다.

→ 正至朔望 則參:정월 초하루와 동짓날과 초하루와 보름날이면 〈사당에〉 참배한다.

▣ 以(전치사):~으로써(대상, 목적) → 薦以時食:시절의 음식을 올린다.

時祭則散齊四日하고 致齊三日하며 忌祭則散齊二日하고 致齊一日하며 參禮則齊宿一日이니 所謂

盜:도적 **도** 賊:도적 **적** 救:구원할 **구** 遷:옮길 **천** 正:바를 **정** 至:이를 **지**
朔:초하루 **삭** 望:보름 **망** 參:참배할 **참** 俗:풍속 **속** 節:마디 **절**;시절 薦:올릴 **천**
時:때 **시** 散:흩을 **산** 齊:재계할 **재** 致:지극할 **치** 忌:꺼릴 **기** 宿:묵힐 **숙**

散齊者는 **不弔喪, 不問疾, 不茹葷, 飮酒不得至亂**하며 **凡凶穢之事**를 **皆不得預**요〔若路中猝遇凶穢 則掩目而避 不可視也〕**所謂致齊者**는 **不聽樂, 不出入**하고 **專心想念所祭之人**하여 **思其居處**하며 **思其笑語**하며 **思其所樂**(요)하며 **思其所嗜之謂也**라 **夫然後**에 **當祭之時**하여 **如見其形**하고 **如聞其聲**하여 **誠至而神享也**니라

시제時祭에는 산재散齊를 4일간 하고 치재致齊를 3일간 하며, 기제忌祭에는 산재를 2일간 하고 치재를 1일간 하며, 참례參禮에는 미리 재계齊戒하기를 1일간 하나니, 이른바 산재라는 것은 초상에 조문하지 않고 질병을 문병하지 않으며, 훈채葷菜(파나 마늘 등의 냄새나는 음식)를 먹지 않고 술을 마시되 취하는 데 이르지 않으며, 모든 흉하고 더러운 일에 다 참예하지 않는 것이요,〔만일 길에서 흉하고 더러운 것을 갑자기 만나면 눈을 가리고 피하여 보지 말아야 한다.〕 이른바 치재라는 것은 음악을 듣지 않고, 출입하지 않고, 마음을 오로지 하여 제사 지낼 분을 생각하여, 그 〈생전에〉 거처하시던 것을 생각하며, 웃고 말씀하시던 것을 생각하며, 좋아하시던 것을 생각하며, 즐기시던 것을 생각함을 이른다. 이렇게 한 뒤에야 제사 지낼 때를 당하여 그 모습을 보는 듯하고, 그 음성을 듣는 듯하여 정성이 지극하여 신神이 흠향歆饗하는 것이다.

어법

▣ ┌所謂 ~者 不~, 不~
└所謂 ~者 不~, 不~ ┘ 이른바 ~라는 것은, ~아니하고 ~아니하다.

▣ ┌所謂散齊者 不弔喪 不問疾 不茹葷……: 이른바 산재라는 것은 초상에 조문하지 않고 질병을 문병하지 않으며, 훈채를 먹지 않는다……
└所謂齊者 不聽樂 不出入……: 이른바 치재라는 것은 음악을 듣지 않고 출입하지 않는다……

疾: 병 **질**　茹: 먹을 **여**　葷: 마늘 **훈**　凶: 흉할 **흉**　穢: 더러울 **예**　預: 참예할 **예**
樂: 풍류 **악**; 좋아할 **요**　嗜: 즐길 **기**　當: 당할 **당**　享: 흠향할 **향**

▣ 則(부사) : 곧, 바로
→ 時祭則散齊四日 : 시제에는 (곧) 산재를 4일간 하다.
▣ 之(목적격어기사) : ~을(를)
→ 思其所嗜之謂也 : 그가 즐기시던 것을 생각하는 것을 말한다.
▣ 夫〔발어發語 어기사〕: 무릇, 대저
→ 夫然後 : 무릇 그러한 후

凡祭는 主於盡愛敬之誠而已니 貧則稱家之有無하고 疾則量筋力而行之호되 財力可及者는 自當如儀니라

무릇 제사는 사랑과 공경의 정성을 다함을 주장할 뿐이다. 가난하면 가산家産의 있고 없음에 맞추어 할 것이요, 병이 있으면 근력筋力을 헤아려 행하되, 재물과 힘이 미칠 수 있는 자는 스스로 마땅히 예법과 같이 해야 할 것이다.

어법

▣ ~則~ : ~하면 ~하다. 가정형
→ 貧則稱家之有無 : 가난하면 집에 있고 없음에 맞추어 할 것이다.
▣ 於(전치사) : ~에 대하여, ~을(를)(목적, 대상)
→ 主於盡愛敬之誠而已 : 사랑과 공경의 정성을 다함을 주장할 뿐이다.
▣ 而已(종결어기사) : ~뿐이다, 따름이다.(한정)
→ 主於盡愛敬之誠而已 : 사랑과 공경의 정성을 다함을 주장할 뿐이다.
▣ 之(목적격어기사) : ~에, ~을(를)
→ 稱家之有無 : 집에 〈재산이〉 있고 없음에 맞추다.

墓祭, 忌祭를 世俗이 輪行하니 非禮也라 墓祭則

稱 : 걸맞을 **칭**; 저울질하다　量 : 헤아릴 **량**　筋 : 힘줄 **근**　如 : 같을 **여**　輪 : 바퀴 **륜**; 돌다

雖輪行이라도 **皆祭于墓上**하니 **猶之可也**어니와 **忌祭**는 **不祭于神主**하고 **而乃祭于紙榜**하니 **此甚未安**이라 **雖不免輪行**이나 **須具祭饌**하여 **行于家廟**가 **庶乎可矣**리라

묘제墓祭와 기제忌祭를 세속에서 자손들이 돌려가며 지내고 있으니, 이것은 예禮가 아니다. 묘제는 비록 돌려가며 지내더라도 모두 묘소에서 제사 지내니 그래도 가하거니와, 기제는 신주神主에게 제사 지내지 않고 지방紙榜에 제사를 지내니, 이는 매우 미안스러운 일이다. 비록 돌려가며 지냄을 면치 못하더라도 모름지기 제찬祭饌을 갖추어 가묘家廟에서 지내는 것이 거의 옳을 것이다.

어법

▣ 雖~: 비록 ~일지라도 ~한다.(가정형) 접속사 '雖'가 사용되어 '가정형'의 구조를 나타낸다.

→ 雖不免輪行 須具祭饌 行于家廟: 비록 돌려가며 지내는 것을 면치 못하더라도 모름지기 제찬을 갖추어 가묘에서 행한다.

▣ 則(부사): 곧, 바로

→ 墓祭 則雖輪行 皆祭于墓上: 묘제는 〈곧, 바로〉 비록 돌려가며 지내더라도 모두 묘소에서 제사 지낸다.

▣ 于(전치사): ~에서(장소) → 祭于紙榜: 지방에 제사를 지내다.

▣ 猶之(부사): 여전히, 그래도, 또 → 猶之可也: 그래도 〈여전히〉 가하다.

▣ 庶乎(부사): 거의, 아마(추측어기 표시) → 庶乎可矣: 거의 옳다.

喪祭二禮는 **最是人子致誠處也**라 **已沒之親**을 **不可追養**이니 **若非喪盡其禮, 祭盡其誠**이면 **則終**

猶: 오히려 **유** 紙: 종이 **지** 榜: 방붙일 **방** 免: 면할 **면** 饌: 음식 **찬**; 반찬 廟: 사당 **묘**
庶: 거의 **서** 沒: 죽을 **몰** 追: 좇을 **추**

天之痛을 **無事可寓**요 **無時可洩也**니 **於人子之情**에 **當如何哉**아 **曾子曰 愼終追遠**이면 **民德歸厚矣**라하시니 **爲人子者 所當深念也**니라

상례喪禮와 제례祭禮 두 예는 사람의 자식이 가장 정성을 다해야 할 일이다. 이미 돌아가신 어버이를 뒤좇아 봉양할 수 없으니, 만약 상례에 그 예를 다하고 제례에 그 정성을 다하지 않는다면 일생동안의 비통함을 붙일 만한 일이 없고 쏟을 만한 때가 없을 것이니, 자식 된 정에 마땅히 어떠하겠는가? 증자曾子가 말씀하시기를, "장례를 삼가 모시고 먼 조상을 추모하면 백성의 덕이 후厚한 데로 돌아가게 된다." 하셨으니, 자식 된 자가 마땅히 깊이 생각해야 할 바이다.

어법

▣ 〔若~ 則~〕: 만약 ~한다면 ~하다.(가정형)

→ 若非喪盡其禮 祭盡其誠 則終天之痛 無事可寓: 만약 상례에 그 예를 다하고, 제사에 그 정성을 다하지 않는다면, 일생동안의 비통을 붙일 만한 일이 없다.

▣ 〔如何~ 哉〕: ~어떠한가?(의문형), 의문사 '如何'와 의문어기사 '乎'가 호응되어 '의문형'을 나타낸다.

→ 於人子之情 當如何哉: 자신 된 정에 마땅히 어떠하겠는가?

今俗이 **多不識禮**하여 **其行祭之儀 家家不同**하니 **甚可笑也**라 **若不一裁之以禮**면 **則終不免紊亂無序**하여 **歸於夷虜之風矣**리라 **玆鈔祭禮**하여 **附錄于後**하고 **且爲之圖**하노니 **須詳審倣行**호되 **而若父**

寓: 붙일 우　洩: 덜 설; 새다　追: 좇을 추　遠: 멀 원　附: 붙일 부　詳: 상세할 상
審: 살필 심　倣: 따를 방

兄不欲이어시든 則當委曲陳達하여 期於歸正이니라

지금 세속이 대부분 예를 알지 못하여 제사 지내는 의식이 집집마다 같이 않으니, 심히 가소롭다. 만약 한결같이 예법으로써 제재하지 않는다면, 마침내 문란하고 차례가 없어 오랑캐의 풍속으로 돌아감을 면치 못할 것이다. 이에 제례祭禮를 뽑아 뒤에 붙이고 또 이것을 그림으로 그려 놓았으니, 반드시 자세히 살펴 이대로 따라 행하되, 만약 부형父兄이 〈그대로〉 하려고 하지 않으시거든 마땅히 간곡히 말씀드려 바른 데로 돌아가기를 기약해야 할 것이다.

어법

▣ 〔若~ 則~〕: 만약 ~한다면 ~하다.(가정형)

→ 若父兄不欲 則當委曲陳達 期於歸正: 만약 부형이 〈그대로〉 하려고 하지 않으시면, 마땅히 간곡히 말씀드려 바른 데로 돌아가기를 기약해야 할 것이다.

▣ 於(전치사): ~으(로)(방향)

→ 歸於夷虜之風矣: 오랑캐의 풍속으로 돌아간다.

▣ 于(전치사): ~에(처소, 장소)

→ 附錄于後: 뒤에 붙이다.

▣ 且(접속사): 또, 게다가

→ 附錄于後 且爲之圖: 뒤에 붙이고, 또 이것을 그림으로 그려놓았다.

▣ 而(접속사): 그러나, ~하되(역접)

→ 須詳審倣行 而若父兄不欲: 반드시 잘 살펴 이대로 따라 행하되, 만약 부형이 〈그대로〉 행하고자 하지 않으면

委: 간곡할 **위**　曲: 간곡할 **곡**　陳: 아뢸 **진**　期: 기약 **기**

居家章 第八

凡居家에 當謹守禮法하여 以率妻子及家衆이니 分之以職하고 授之以事하여 而責其成功하며 制財用之節하여 量入而爲出하며 稱家之有無하여 以給上下之衣食과 及吉凶之費호되 皆有品節하여 而莫不均一하며 裁省(생)冗費하고 禁止奢華하여 常須稍存贏餘하여 以備不虞니라

무릇 집에 거처할 때에는 마땅히 삼가 예법을 지켜서 처자와 집안 식구들을 거느려야 하니, 그들에게 직책을 나누어주고 할 일을 맡겨주어 그 성공하기를 요구하며, 재용財用의 씀씀이를 절제하여, 수입을 헤아려 지출을 하며, 가산의 있고 없음에 맞추어 윗사람과 아랫사람의 옷과 음식 및 길흉사의 비용을 지급해주되 모두 품절品節이 있게 하여 균일하지 않음이 없게 하며, 쓸데없는 비용을 줄이고, 사치와 호화를 금지하여 항상 모름지기 다소 남음이 있게 해서 뜻밖의 일에 대비하도록 해야 할 것이다.

어법

▣ 以(접속사):~하여

→ 居家當謹守禮法 以率妻子及家衆:집에 거처할 때는 마땅히 삼가 예법을 지켜서 처자와 집안 식구들을 거느려야 한다.

謹:삼갈 근　率:거느릴 솔　授:줄 수　稱:걸맞을 칭　給:줄 급　費:허비할 비　均:고를 균
裁:존절할 재　省:덜 생　冗:잡될 용　奢:사치할 사　華:화려할 화　稍:조금 초
贏:남을 영　虞:헤아릴 우

▣ 以(전치사) : ~으로서, ~을(를)
→ 分之以職 : 그들에게 직책을 나누어 주다.
→ 授之以事 : 그들에게 할 일을 맡겨주다.
▣ 及(접속사) : ~와(과) → 妻子及家衆 : 처자와 집안 식구들

冠婚之制는 當依家禮요 不可苟且從俗이니라

관례冠禮와 혼례婚禮의 제도는 마땅히 ≪가례家禮≫에 의거할 것이요, 구차스럽게 세속을 따라서는 안 된다.

어법

▣ 冠婚之制 ‖ 當依 | 家禮(DS ‖ AP | O) : 관례와 혼례의 제도는 마땅히 가례에 의거하다.
▣ 之(관형격어기사) : ~의, ~하는 → 冠婚之制 : 관례와 혼례의 제도

兄弟는 同受父母遺體하여 與我如一身하니 視之를 當無彼我之間하여 飮食衣服有無를 皆當共之니라 設使兄飢而弟飽하고 弟寒而兄溫이면 則是一身之中에 肢體或病或健也니 身心이 豈得偏安乎아 今人이 兄弟不相愛者는 皆緣不愛父母故也라 若有愛父母之心이면 則豈可不愛父母之子乎아 兄弟若有不善之行이면 則當積誠忠諫하여 漸喩以理하여 期於感悟요 不可遽加厲色拂言하여 以失其和也니라

형제는 부모가 남겨주신 몸을 함께 받아서 나와 더불어 한 몸과 같으니, 형

冠 : 갓 **관**　婚 : 혼인 **혼**　飢 : 주릴 **기**　肢 : 사지 **지**　健 : 건장할 **건**　偏 : 편벽될 **편**; 한쪽
緣 : 인연 **연**　積 : 쌓을 **적**　諫 : 간할 **간**　漸 : 점점 **점**　喩 : 깨우칠 **유**　遽 : 급할 **거**
厲 : 사나울 **려**　拂 : 어길 **불**

제를 보기를 마땅히 피아彼我의 간격이 없게 하여, 음식과 의복의 있고 없음을 모두 마땅히 같이 해야 한다. 설사設使(가령) 형은 굶주리는데 아우는 배부르고, 아우는 추운데 형은 따뜻하다면, 이는 한 몸 가운데에 지체肢體가 혹은 병들고 혹은 건강한 것과 같으니, 몸과 마음이 어찌 한쪽만 편안할 수 있겠는가? 지금 사람들이 형제간에 서로 사랑하지 않음은 모두 부모를 사랑하지 않는 데서 연유한 연고이니, 만일 부모를 사랑하는 마음이 있다면 어찌 그 부모의 자식을 사랑하지 않겠는가? 형제가 만일 좋지 못한 행실이 있으면 마땅히 정성을 쌓아 충고해서, 점차 도리로써 깨우쳐 감동하여 깨닫게 하기를 기약期約할 것이요, 갑자기 노여운 낯빛과 거슬리는 말을 가하여 그 화和함을 잃어서는 안 된다.

어법

▣ 〔若~ 則~〕: 만약 ~한다면 ~하다.(가정형)

→ 兄弟若有不善之行 則當積誠忠諫 漸喻以理 期於感悟 : 형제가 만일 좋지 못한 행실이 있으면 마땅히 정성을 쌓아 충고해서, 점차 도리로써 깨우쳐 감동해 깨닫게 하기를 기약하다.

▣ 〔豈~乎〕: 어찌 ~하겠는가?(반어형)

→ 身心豈得偏安乎 : 몸과 마음이 어찌 한쪽만 편안할 수 있겠는가?

▣ 設使(접속사) : 가령 ~한다면

→ 設使兄飢而弟飽 : 설사 형은 굶주리는데 아우는 포식한다면

▣ 或(접속사) : 혹은 ~하고, '或~或~'의 구조로 많이 쓰인다.

→ 肢體或病或健 : 지체가 혹은 병들고 혹은 건강하다.

▣ 以의 쓰임

① 以(전치사) : ~으로서(목적, 기구) → 漸喻以理 : 점차 도리로써 깨우치다.

② 以(접속사) : ~하여(순접접속사 '而'의 쓰임과 같음)

→ 不可遽加厲色拂言 以失其和也 : 갑자기 노여운 낯빛과 거슬리는 말을 가하여 그 화함을 잃어서는 안 된다.

今之學者 外雖矜持나 而內鮮篤實하여 夫婦之間, 衽席之上에 多縱情慾하여 失其威儀라 故로

矜 : 자랑 **긍**; 씩씩하다 鮮 : 드물 **선** 篤 : 도타울 **독** 衽 : 요 **임** 縱 : 풀어놓을 **종**

夫婦不相昵狎而能相敬者甚少하니 **如是而欲修身正家**인들 **不亦難乎**아 **必須夫和而制以義**하고 **妻順而承以正**하여 **夫婦之間**에 **不失禮敬然後**에 **家事**를 **可治也**리라 **若從前相狎**이라가 **而一朝**에 **遽欲相敬**이면 **其勢難行**이니 **須是與妻相戒**하여 **必去前習**하고 **漸入於禮 可也**니라 **妻若見我發言持身**이 **一出於正**이면 **則必漸相信而順從矣**리라

지금의 학자들은 겉으로는 비록 긍지矜持(몸을 조심함)하나 속으로는 독실한 이가 드물어, 부부간에 이부자리 위에서 함부로 정욕을 방종하여 그 위의威儀를 잃는 경우가 많다. 그러므로 부부가 서로 친압親狎하지 않고 능히 서로 공경하는 자가 심히 적으니, 이와 같이 하면서 몸을 닦고 집을 바로잡고자 한들 어렵지 않겠는가. 반드시 모름지기 남편은 온화하면서 의義로써 제어하고, 아내는 유순하면서 올바른 도리로써 받들어 부부 사이에 예의와 공경을 잃지 않은 뒤에나 집안일을 다스릴 수 있을 것이다. 만일 종전에 서로 친압하다가 하루아침에 갑자기 서로 공경하고자 한다면 그 세勢가 행해지기 어려우니, 모름지기 아내와 더불어 서로 경계하여 반드시 전의 습관을 버리고 점차 예禮에 들어가는 것이 옳을 것이다. 아내가 만일 나의 말은 냄과 몸을 가짐이 한결같이 올바른 데서 나오는 것을 본다면 반드시 점점 서로 믿고 순종하게 될 것이다.

어법

▣ 〔不亦~ 乎〕: 또한 ~아니한가?(반어형) '不亦'과 반어어기사 '乎'가 사용되어 '반어형'을 이루고 있다.

→ 如是而欲修身正家 不亦難乎: 이와 같이 하면서 몸을 닦고 집을 바로잡고자 한들 또한 어렵지 않겠는가?

昵: 친압할 **닐**　狎: 친압할 **압**　遽: 급할 **거**　勢: 형세 **세**　去: 버릴 **거**　漸: 점점 **점**

■ 而의 쓰임

① 而(역접접속사) : ~그러나, ~하되

→ 外雖矜持 而內鮮篤實 : 겉으로는 비록 긍지(몸을 조심)하나, 속으로는 독실한 이가 드물다.

② 而(순접접속사) : ~하고, 그리고

→ 妻順而承以正 : 아내는 유순하면서 정당한 도리로써 받든다.

■ 故(접속사) : 고로, 그런 까닭에, 그러므로

→ 失其威儀 故夫婦不相昵狎 : 그 위의를 잃는다. 그러므로 부부가 서로 친압하지 않는다.

■ 與(전치사) : ~와(더불어) → 須是與妻相戒 : 모름지기 아내와 더불어 서로 경계한다.

■ 是 : 강세어조사. → 多是 : 대부분

■ 於의 쓰임

① 於(전치사) : ~에(대상) 漸入於禮 : 점차 예에 들어가다.

② 於(전치사) : ~에서(출발, 장소) 一出於正 : 한결같이 올바름에서 나오다.

生子에 **自稍有知識時**로 **當導之以善**이니 **若幼而不教**하여 **至於既長**이면 **則習非放心**하여 **教之甚難**이니 **教之之序**는 **當依小學**이니라 **大抵一家之內**에 **禮法與行**하고 **簡編筆墨之外**에 **無他雜技**면 **則子弟亦無外馳畔學之患矣**리라 **兄弟之子**는 **猶我子也**니 **其愛之, 其教之**를 **當均一**이요 **不可有輕重厚薄也**니라

자식을 낳음에 약간 지식이 있을 때로부터 마땅히 선善으로 인도할 것이니, 만일 어려서 가르치지 않고서 이미 장성함에 이르면 나쁜 것을 익히고 방심放心하게 되어 이를 가르치기가 심히 어려우니, 가르치는 차례는 마땅히 ≪소학小學≫을 따를

導 : 인도할 **도** 幼 : 어릴 **유** 非 : 그를 **비** 方 : 놓을 **방** 抵 : 대저 **저** 簡 : 대쪽 **간**;편지
編 : 엮을 **편**;책 筆 : 붓 **필** 墨 : 먹 **묵** 技 : 재주 **기** 馳 : 달릴 **치** 畔 : 배반할 **반**

것이다. 대저 한 집의 안에 예법이 흥행하고 서간書簡이나 책, 글씨 쓰기 이외에 다른 잡기雜技가 없으면, 자제子弟들 또한 〈마음을〉 밖으로 달려 배움을 저버리는 병통이 없을 것이다. 형제의 아들은 내 자식과 같으니, 그를 사랑하고 가르치기를 마땅히 균일하게 할 것이요, 경중輕重과 후박厚薄을 두어서는 안 된다.

어법

▣ 兄弟之子‖猶 / 我子(也)(DS‖P / DC) : 형제의 아들은 나의 아들과 같다.
▣ 自(전치사) : ~로부터 → 自稍有知識時 : 약간 지식이 있을 때로부터
▣ 於(전치사) : ~에(까지)(대상, 결과) → 至於既長 : 이미 장성함에 이른다.

婢僕은 **代我之勞**하니 **當先恩而後威**라야 **乃得其心**이니 **君之於民**과 **主之於僕**에 **其理一也**라 **君不恤民則民散**이니 **民散則國亡**하고 **主不恤僕則僕散**이니 **僕散則家敗**는 **勢所必至**라 **其於婢僕**에 **必須軫念飢寒**하여 **資給衣食**하여 **使得其所**하고 **而有過惡**이면 **則先須勤勤敎誨**하여 **使之改革**하고 **敎之不改然後**에 **乃施楚撻**하여 **使其心**으로 **知厥主之楚撻**이 **出於敎誨**요 **而非所以憎嫉**이니 **然後**에 **可使改心革面矣**리라

비복婢僕(하인)들은 나의 수고로움을 대신하니, 마땅히 은혜를 먼저 하고 위엄을 뒤에 하여야 이에 그 마음을 얻을 것이니, 임금이 백성에게 있어서와 주인이 비복에게 있어서는 그 이치가 똑같은 것이다. 임금이 백성을 아끼지 않으면 백성이 흩

婢 : 계집종 **비**　僕 : 종 **복**　代 : 대신할 **대**　恤 : 구휼할 **휼**　散 : 흩어질 **산**　軫 : 진중할 **진**
飢 : 굶주릴 **기**　使 : 하여금 **사**　過 : 허물 **과**　勤 : 부지런할 **근**　誨 : 가르칠 **회**　革 : 고칠 **혁**
施 : 베풀 **시**　楚 : 회초리 **초**　撻 : 종아리칠 **달**　厥 : 그 **궐**　憎 : 미워할 **증**　嫉 : 미워할 **질**

어지니, 백성이 흩어지면 나라가 망하며, 주인이 비복을 아끼지 않으면 비복이 흩어지니, 비복이 흩어지면 집이 패망하는 것은 형편상 반드시 이르는 것이다.

그 비복에 대하여 반드시 모름지기 추위와 굶주림을 깊이 염려해서 옷과 밥을 대주어 그 살 곳을 얻게 할 것이요, 허물과 악행이 있으면 먼저 모름지기 부지런히 부지런히 가르쳐서 그로 하여금 고치게 하고, 가르쳐도 고치지 않은 뒤에야 초달楚撻(회초리로 때림)을 가해서 그 마음으로 하여금 주인의 초달이 가르침에서 나온 것이요, 미워해서가 아님을 알게 하여야 하니, 그런 뒤에야 마음을 고치고 얼굴을 고치게 될 것이다.

어법

▣ 使~ : ~로 하여금 ~하게 하다.(사역형)

→ 先須勤勤敎誨使之改革 : 먼저 모름지기 부지런히 부지런히 가르쳐서 그로 하여금 고치게 하다.

▣ 之(주격어기사) : ~이, 가 → 主之於僕 : 주인이 비복에 있어서

▣ 於(전치사) : ~에 대하여, ~에게 있어서(대상)

→ 君之於民 : 임금이 백성에게 있어서

▣ 於(전치사) : ~에서(출발, 시작) → 出於敎誨 : 가르침에서 나온다.

治家에 當以禮法으로 辨別內外하여 雖婢僕이라도 男女不可混處니 男僕이 非有所使令이면 則不可輒入內하고 女僕을 皆當使有定夫하여 不可使淫亂이니 若淫亂不止者는 則當黜使別居하여 毋令汚穢家風이니라 婢僕을 當令和睦이니 若有鬪鬩喧噪者어든 則當痛加禁制니라

辨 : 분별할 변　混 : 섞일 혼　使 : 부릴 사　令 : 부릴 령　輒 : 문득 첩;곧　淫 : 음란할 음
黜 : 내쫓을 출　毋 : 말 무　令 : 하여금 령　汚 : 더러울 오　穢 : 더러울 예　睦 : 화목할 목
鬪 : 싸움 투　鬩 : 싸울 혁　喧 : 떠들 훤　噪 : 떠들 조　痛 : 아플 통

집안을 다스림에 마땅히 예법으로써 내외內外를 분별하여 비록 비복이라도 남자와 여자가 뒤섞여 거처해서는 안 된다. 남자 종은 시키는 바가 있지 않으면 함부로 안에 들어가지 말게 하고, 여자 종은 모두 마땅히 정한 남편이 있게 하여 음란하게 하지 말아야 하니, 만일 음란한 짓을 그치지 않는 자는 마땅히 내쫓아 따로 거처하게 해서 가풍家風을 더럽히지 말도록 하여야 한다. 비복을 마땅히 화목하게 해야 할 것이니, 만일 싸우거나 시끄럽게 떠드는 자가 있거든 마땅히 금지와 제재를 통렬히 가해야 한다.

어법

▣ 令~ : ~하게 시키다(하다).(사역형) → 婢僕當令和睦 : 비복을 마땅히 화목하게 하다.

▣ 不可~ : ~하여서는 안 된다.(금지형) → 不可使淫亂 : 음란하게 해서는 안 된다.

▣ 毋~ : ~하지 마라.(금지형) 부정사 '毋'가 사용되어 '금지형'을 이룬다.
→ 毋令汚穢家風 : 가풍을 더럽히지 말라.

▣ 雖(접속사) : 비록 ~일지라도
→ 雖婢僕 男女不可混處 : 비록 비복이라도 남자와 여자가 뒤섞여 거처해서는 안 된다.

君子憂道요 **不當憂貧**이니 **但家貧**하여 **無以資生**이면 **則雖當思救窮之策**이나 **亦只可免飢寒而已**요 **不可存居積豊足之念**이며 **且不可以世間鄙事**로 **留滯于心胸之間**이니라 **古之隱者 有織屨而食者, 樵漁而活者, 植**(치)**杖而耘者**하니 **此等人**은 **富貴不能動其心**이라 **故**로 **能安於此**하니 **若有較利害計豊約之念**이면 **則豈不爲心術之害哉**아 **學者**는 **要須以**

憂 : 근심 **우**　但 : 다만 **단**　資 : 자뢰 **자**　窮 : 곤궁할 **궁**　策 : 꾀 **책**
免 : 면할 **면**　豊 : 넉넉할 **풍**　鄙 : 더러울 **비**　留 : 머무를 **류**　滯 : 막힐 **체**　胸 : 가슴 **흉**
織 : 짤 **직**　屨 : 신 **구**　樵 : 나무할 **초**　漁 : 고기잡을 **어**　植 : 심을 **식**;꽂아놓다
杖 : 지팡이 **장**　耘 : 김맬 **운**　較 : 비교할 **교**　計 : 계산할 **계**　約 : 간략할 **약**

輕富貴守貧賤爲心이니라

군자君子는 도道를 근심할 것이요, 가난을 근심해서는 안 된다. 다만 집이 가난하여 의뢰하여 살아갈 수가 없으면 비록 마땅히 빈궁을 구제할 대책을 생각하여야 하나 또한 다만 굶주림과 추위를 면할 뿐이요, 많이 쌓아두고 풍족하게 살려는 생각을 두어서는 안 되며, 또 세간의 비루한 일을 마음속에 머물러 두어서는 안 된다.

옛날의 은자隱者 중에는 신을 삼아 팔아서 먹고 산 자와 땔나무를 하거나 고기를 잡아서 생활한 자와 지팡이를 꽂아 놓고 김을 매며 산 자가 있었으니, 이런 사람들은 부귀가 그 마음을 움직일 수 없었다. 그러므로 이에 편안할 수 있었던 것이니, 만일 이해利害를 비교하고 풍성함과 가난함을 헤아리는 생각이 있다면 어찌 마음의 해가 되지 않겠는가. 배우는 자는 모름지기 부귀를 가벼이 여기고 빈천을 지킴으로써 마음을 삼아야 할 것이다.

어법

▣ 〔豈~哉〕: 어찌 ~하겠는가?(반어형)

→ 豈不爲心術之害哉: 어찌 마음의 해가 되지 않겠는가?

▣ 且(접속사): 또, 그리고, 게다가

→ 不可存居積豊足之念 且不可以世間鄙事 留滯于心胸之間: 많이 쌓아두고 풍족하게 살려는 생각을 두어서는 안 되며, 또 세간의 비루한 일을 마음속에 머물러 두어서는 안 된다.

▣ 于(전치사): ~에(장소, 처소) → 留滯于心胸之間: 마음속에 머물러 두다.

▣ 故(접속사): 고로, 그런 까닭에, 그러므로

→ 此等人 富貴不能動其心 故能安於此: 이런 사람들은 부귀가 그 마음을 움직일 수 없었다. 그러므로 이에 편안할 수 있었다.

居家에 貧窶면 則必爲貧窶所困하여 失其所守者多矣라 學者 正當於此處用功이니 古人曰 窮視其

窶: 가난할 구 困: 곤할 곤 窮: 곤궁할 궁

所不爲하며 貧視其所不取라하고 孔子曰 小人은 窮斯濫矣라하시니 若動於貧窶하여 而不能行義면 則焉用學問爲哉리오 凡辭受取與之際에 必精思義與非義하여 義則取之하고 不義則不取하여 不可毫髮放過니라 若朋友는 則有通財之義하니 所遺를 皆當受로되 但我非乏而遺以米布면 則不可受也니라 其他相識者면 則只受其有名之饋하고 而無名則不可受也니 所謂有名者는 賻喪, 贐行, 助婚禮, 周飢乏之類 是也라 若是大段惡人心所鄙惡(오)者는 則其饋雖有名이나 受之면 心必不安이리니 心不安이면 則不可抑而受之也니라 孟子曰 無爲其所不爲하며 無欲其所不欲이라하시니 此是行義之法也니라

집에 거처할 때에 가난하면 반드시 가난함에 곤궁함을 당하여 그 지킬 바를 잃는 자가 많다. 배우는 자는 바로 이런 곳에 힘을 써야 한다. 옛사람이 말하기를, "곤궁할 때에는 그 하지 않는 바를 살펴보고, 가난할 때에는 그 취하지 않는 바를 살펴본다." 하였고, 공자께서 말씀하시기를, "소인小人은 곤궁하면 넘친다." 하셨으니, 만일 가난에 동요되어 의로움을 행할 수 없다면 학문을 어디에 쓰겠는가? 무릇 사양하고 받으며 취하고 주는 즈음에는 반드시 의로운가 의롭지 않은가를 자세히 생각해서 의로우면 취하고 의롭지 않으면 취하지 아니하여, 털끝만큼이라도 그대로 지나쳐버리지 말아야 한다. 친구로 말하면 재물을

濫:넘칠 람　焉:어찌 언　辭:사양할 사　與:줄 여　際:즈음 제　放:놓을 방　乏:모자랄 핍
饋:선물할 궤　賻:부의 부　贐:노자 신　周:구휼할 주　段:조각 단　惡:악할 악;미워할 오
抑:누를 억

통하는 의리가 있으니, 주는 바를 다 마땅히 받아야 하되, 다만 내가 궁핍하지 않은데도 쌀이나 삼베를 주면 받아서는 안 된다. 기타 서로 아는 자는, 다만 명분名分이 있는 선물을 받을 것이요, 명분이 없는 것은 받지 말아야 한다. 이른바 명분이 있다는 것은 상사喪事 때의 부의賻儀나, 여행 때의 노자나, 혼인 때의 부조扶助나, 굶주림을 구원해 주는 것 등이 이것이다.

만일 대단한 악인惡人으로서 마음에 더럽고 나쁘게 여기는 바의 사람이면, 그 선물이 비록 명분이 있더라도 받으면 마음이 반드시 편안하지 못할 것이니, 마음이 편안치 못하면 억지로 받아서는 안 된다. 맹자께서 말씀하시기를, "그 하지 말아야 할 것을 하지 말고, 그 하고자 하지 말아야 할 것을 하고자 하지 말라." 하셨으니, 이것이 바로 의義를 행하는 법이다.

어법

▣ 〔焉 ~哉〕: 어디에 ~하는가? 의문형 의문사 焉과 의문어기사 哉가 호응되어 의문형의 구조를 나타낸다.

→ 焉用學問爲哉 : 학문을 어디에 쓰겠는가?

▣ 無~ : ~하지 마라.(금지형) 부정사 '無'가 사용되어 '금지형'의 구조를 이루고 있다.

▣ 無爲其所不爲 無欲其所不欲 : 그 하지 말아야 할 것을 하지 말고, 그 하고자 하지 말아야 할 것을 하지 말라.

▣ 於의 쓰임

① 於(전치사) : ~에(처소) → 正當於此處用功 : 바로 이런 곳에 힘을 써야 한다.

② 於(전치사) : ~에, ~ 때문에(원인) → 動於貧窶 : 가난에 동요되다.

▣ 以(전치사) : ~로써, ~을(를)(대상) → 遺以米布 : 쌀이나 옷감을 주다.

中朝則列邑之宰 有私俸이라 故로 推其餘하여 可以周人之急矣어니와 我國則守令이 別無私俸하고 只以公穀으로 應日用之需어늘 而若私與他人이면

列 : 벌릴 렬　俸 : 봉급 봉　推 : 밀 추　穀 : 곡식 곡　需 : 쓸 수; 요구하다

則不論多少하고 **皆有罪譴**하여 **甚則至於犯贓**하고 **受者 亦然**하니 **爲士而受守令之饋**면 **則是乃犯禁也**라 **古者**에 **入國而問禁**하니 **則居其國者 豈可犯禁乎**아 **守令之饋**는 **大抵難受**하니 **若私與官庫之穀**이면 **則不論人之親疏, 名之有無, 物之多寡**하고 **皆不可受也**니라〔若分厚邑宰 以衙中私財周急則或可受也〕

중국에는 여러 읍邑의 수령守令들이 사사로운 녹봉祿俸이 있다. 그러므로 그 남는 것을 미루어 남의 위급함을 도울 수 있거니와, 우리나라는 수령들이 별도로 받는 사사로운 녹봉이 없고 다만 공곡公穀으로써 일상의 수요需要에 응하고 있는데, 만약 사사로이 남에게 준다면 많고 적고를 논하지 않고 다 죄가 있어, 심하면 장죄贓罪(부정행위)를 범하는 데에 이르고, 받은 사람도 또한 그러하니 선비가 되어 수령의 선물을 받으면 이는 바로 법금法禁을 범하는 것이다. 옛날에는 다른 나라에 들어갈 때에도 그 나라에서 금하는 것을 물었으니, 그 나라에 사는 자가 어찌 법금을 범할 수 있겠는가? 수령의 선물은 대개 받기가 어려우니, 만일 국고國庫의 곡식을 사사로이 준다면 사람의 친소親疏와 명분의 유무와 물건의 다과를 막론하고 모두 받지 말아야 한다.〔만일 친분이 두터운 수령이 관아官衙에 있는 사재私財로 도와준다면 받을 수도 있다.〕

어법

▣ 〔豈~乎〕: 어찌 ~하겠는가?(반어형)

→ 古者 入國而問禁 則居其國者 豈可犯禁乎: 옛날에는 다른 나라에 들어갈 때에도 그 나라의 금칙을 물었으니, 그 나라에 사는 자가 어찌 금칙을 범할 수 있겠는가?

▣ 則(부사): 곧, 바로

→ 中朝則列邑之宰 有私俸: 중국에는 〈바로〉 여러 읍의 수령들이 사사로운 녹봉이 있다.

▣ 於(전치사): ~에(까지)(도달) → 至於犯贓: 장물죄를 범하기에 이르다.

譴: 꾸짖을 **견**　犯: 범할 **범**　贓: 장물 **장**　乃: 이에 **내**　庫: 곳간 **고**　疎: 성글 **소**　寡: 적을 **과**

接人章 第九

凡接人에 當務和敬이니 年長以倍어든 則父事之하고 十年以長이어든 則兄事之하고 五年以長이어든 亦稍加敬이니 最不可恃學自高, 尙氣陵人也니라

무릇 사람을 접함엔 마땅히 온화하고 공경함을 힘써야 하니, 나보다 나이가 갑절이 많으면 아버지처럼 섬기고, 10년이 많으면 형처럼 섬기고, 5년이 많으면 또한 약간 공경을 가할 것이니, 가장 학문을 믿고 스스로 높은 체하며, 기운을 숭상하여 남을 업신여겨서는 안 된다.

어법

▣ 不可~ : ~하여서는 안 된다.(금지형)

→ 最不可恃學自高 尙氣陵人也 : 가장 학문을 믿고 스스로 높은 체하며, 기운을 숭상하여 남을 업신여겨서는 안 된다.

▣ 之(대명사) : 이것, 그것

→ 父事之 : 그를 아버지처럼 섬기다.

擇友에 必取好學, 好善, 方嚴, 直諒之人하여 與之同處하여 虛受規戒하여 以攻吾闕하고 若其怠惰, 好嬉, 柔佞不直者는 則不可交也니라

벗을 가리되 반드시 학문을 좋아하고 선善을 좋아하며 바르고 엄하며 정직하

長 : 많을 장　事 : 섬길 사　恃 : 믿을 시　尙 : 높일 상　陵 : 능멸할 릉　方 : 모날 방
諒 : 믿을 량;성실하다　規 : 경계할 규　攻 : 다스릴 공　闕 : 빠질 궐　惰 : 게으를 타
嬉 : 희롱할 희　佞 : 아첨할 녕;말을 잘하다

고 성실한 사람을 취하여, 더불어 함께 거처하여 타이름과 경계함을 겸허하게 받아들여 나의 결점을 다스릴 것이요, 만일 게으르고 놀기를 좋아하며 유약柔弱하고 아첨하여 바르지 못한 자라면 사귀어서는 안 된다.

어법

▣ 以(접속사) : ~하여

→ 與之同處 虛受規戒 以攻吾闕 : 더불어 함께 거처하여 타이름과 경계함을 받아들여 나의 결함을 다스리다.

鄕人之善者는 **則必須親近通情**하고 **而鄕人之不善者**는 **亦不可惡言揚其陋行**이요 **但待之泛然**하여 **不相往來**니 **若前日相知者**는 **則相見**에 **只敍寒暄**하고 **不交他語**면 **則自當漸疎**하여 **亦不至於怨怒矣**리라

고을 사람 중에 선한 자는 반드시 모름지기 친근히 하여 정을 통하고, 고을 사람 중에 선하지 않은 사람이라도 역시 나쁜 말로 그의 더러운 행실을 드러내서는 안 되며, 다만 대하기를 범연하게 하여 서로 왕래하지 않아야 한다. 만일 전날에 서로 알던 자라면 서로 만났을 적에 다만 안부나 묻고 다른 말을 주고받지 않는다면, 스스로 마땅히 점점 소원해져서 또한 원망하고 노여워함에 이르지 않을 것이다.

어법

▣ 不可~ : ~해서는 안 된다.(부정형, 금지형)

→ 鄕人之不善者 亦不可惡言揚其陋行 : 마을 사람 중에 착하지 않은 사람이라도 역시 나쁜 말로 그의 더러운 행실을 드러내서는 안 된다.

▣ 則(부사) : 곧, 바로

→ 鄕人之善者 則必須親近通情 : 마을 사람 중에 선한 자는 〈곧〉 반드시 모름지기 친근히 하여 정을 통한다.

揚 : 드날릴 **양**　陋 : 누추할 **루**　待 : 대접할 **대**　泛 : 넒을 **범**　敍 : 펼 **서**　暄 : 따뜻할 **훤**

▣ 於(전치사) : ~에(까지)(도착, 도달)

→ 亦不至於怨怒矣 : 또한 원망하고 노여워함에 이르지 않을 것이다.

同聲相應하며 **同氣相求**하나니 **若我志於學問**이면 **則我必求學問之士**요 **學問之士 亦必求我矣**리라 **彼名爲學問而門庭**에 **多雜客**하여 **喧囂度日者**는 **必其所樂**(요) **不在學問故也**니라

같은 소리는 서로 응하고, 같은 기운은 서로 찾게 되나니, 만일 내가 학문에 뜻한다면 나는 반드시 학문하는 선비를 구할 것이요, 학문하는 선비 또한 반드시 나를 구할 것이다. 저 명색은 학문을 한다 하나 문정門庭에 잡된 객客이 많아서 시끄럽게 떠들며 날을 보내는 자는 반드시 그의 좋아하는 바가 학문에 있지 않기 때문이다.

어법

▣ 於(전치사) : ~에(목적) →我志於學問 : 내가 학문에 뜻하다.

▣ 而(접속사) : 그러나, ~하되(역접)

→ 彼名爲學問而門庭 多雜客 : 저 명색은 학문을 한다 하나 문정에 잡된 객이 많다.

凡拜揖之禮는 **不可預定**이니 **大抵父之執友**는 **則當拜**요 **洞內年長十五歲以上者**는 **當拜**요 **爵階堂上而長於我十年以上者**는 **當拜**요 **鄕人年長二十歲以上者**는 **當拜**로되 **而其間高下曲折**은 **在隨時節中**이요 **亦不必拘於此例**니 **但常以自卑尊**

庭 : 뜰 정 喧 : 떠들 훤 度 : 보낼 도 囂 : 떠들 효 樂 : 좋아할 요 揖 : 읍할 읍 預 : 미리 예
執 : 벗 집; 잡다 洞 : 동네 동 爵 : 벼슬 작 階 : 계급 계; 계단 折 : 꺾을 절 中 : 맞을 중
拘 : 거리낄 구

人底意思로 **存諸胸中**이 **可也**니라 **詩曰 溫溫恭人**이 **惟德之基**라하니라

무릇 절하고 읍揖하는 예禮는 미리 정할 수 없으니, 대개 아버지의 집우執友(친구)이면 마땅히 절을 해야 하고, 동네에 나이가 15세 이상인 자에게는 마땅히 절을 해야 하고, 벼슬의 품계品階가 당상堂上이고 나보다 10세 연상인 자에게는 마땅히 절을 해야 하고, 마을 사람으로서 나이가 20세 이상인 자에게는 마땅히 절하되, 그 사이에 높이고 낮추는 곡절曲折(세세한 내용)은 때에 따라 알맞게 할 것이요, 또한 반드시 이 예例에 구애될 것은 없으니, 다만 항상 자신을 낮추고 남을 높이는 의사를 가슴속에 두는 것이 옳다. ≪시경詩經≫에 이르기를 "온순하고 온순한 공손한 사람은 덕德의 근본이 된다." 하였다.

어법

▣ 以(어기사) : 시간표시 → 十五歲以上 : 15세 이상
▣ 於(전치사) : ~에(피동) → 不必拘於此例 : 반드시 이 예에 구속될 것은 없다.
▣ 於(전치사) : ~보다(비교) → 長於我十年 : 나보다 10년 많다.
▣ 諸(전치사 겸 대명사) : 이것을 ~에(之於의 축약형). '저'로 읽는다.
→ 存諸胸中 : (이것을) 가슴속에 두다.

人有毁謗我者어든 **則必反而自省**이니 **若我實有可毁之行**이면 **則自責內訟**하여 **不憚改過**하고 **若我過甚微而增衍附益**이면 **則彼言雖過**나 **而我實有受謗之苗脈**하니 **亦當剗鋤前愆**하여 **不留毫末**하고

底 : 밑 **저** 諸 : 어조사 **제** 溫 : 따뜻할 **온** 基 : 터 **기** 謗 : 비방할 **방** 省 : 살필 **성**
訟 : 자책할 **송**; 다투다 憚 : 꺼릴 **탄** 微 : 작을 **미** 增 : 더할 **증** 衍 : 넓힐 **연** 苗 : 싹 **묘**
剗 : 깎을 **잔** 鋤 : 호미 **서** 愆 : 허물 **건**

若我本無過而揑造虛言이면 **則此不過妄人而已**니 **與妄人**으로 **何足計較虛實哉**리오 **且彼之虛謗**이 **如風之過耳, 雲之過空**하니 **於我**에 **何與哉**아 **夫如是**면 **則毁謗之來**에 **有則改之**하고 **無則加勉**하여 **莫非有益於我也**리라 **若聞過自辨**하여 **曉曉然不置**하여 **必欲置身於無過之地**면 **則其過愈甚而取謗益重矣**리라 **昔者**에 **或問止謗之道**한대 **文中子曰 莫如自修**니라 **請益**한대 **曰 無辨**이라하니 **此言**이 **可爲學者之法**이니라

사람 중에 나를 헐뜯고 비방하는 자가 있거든 반드시 돌이켜 스스로 살펴야 하니, 만약 내가 실제로 훼방을 받을 만한 행실이 있으면 스스로 꾸짖고 안으로 책하여 허물을 고치기를 꺼리지 말 것이요, 만약 나의 잘못이 심히 작은데 더 보태어 늘려 말했다면 저의 말이 비록 지나치나 나에게 실제로 훼방을 받을 만한 싹과 맥脈이 있는 것이니, 또한 마땅히 전의 잘못을 제거하여 털끝만큼도 남겨두지 말 것이요, 만약 내가 본래 허물이 없는데 거짓말을 날조揑造했다면, 이는 망령된 사람에 지나지 않을 뿐이니, 망령된 사람과 어찌 거짓과 진실을 따질 것이 있겠는가? 또 저의 허황한 훼방은 바람이 귓전을 스쳐 지나가고, 구름이 허공을 지나는 것과 같으니, 나에게 무슨 상관이 있겠는가? 무릇 이와 같이 생각한다면 훼방이 올 때에 허물이 있으면 고치고 없으면 더욱 힘쓰게 되어 나에게 유익하지 않음이 없을 것이다. 만약 허물을 듣고 스스로 변명하여 시끄럽게 떠들고 그대로 버려두지 아니하여, 반드시 자신을 잘못이 없는 곳에 놓으려고 한다면, 그 허물이 더욱 깊어져 훼방을 받음이 더욱 무거워질 것이다.

揑:손으로찍을 **날**;만들다 妄:망녕될 **망** 較:견줄 **교** 曉:두려워할 **효**;떠들다 愈:더할 **유**

옛날에 어떤 사람이 훼방을 그치게 하는 방법을 묻자, 문중자文中子가 말하기를, "스스로 행실을 닦는 것만 못하다." 하였다. 다시 더 말해주기를 청하자 대답하기를 "변명하지 말라." 하였으니, 이 말은 배우는 자의 법이 될 만하다.

어법

▣ 〔何~哉〕: 어찌 ~하겠는가?(반어형)

→ 與妄人何足計較虛實哉: 망녕된 사람과 어찌 거짓과 진실을 따질 것이 있겠는가?

▣ 莫非~: ~하지 아니함이 없다.(이중부정형) 부정사 '莫'과 '非'가 쓰여 '이중부정형→긍정형'을 나타내고 있다.

→ 莫非有益於我也: 나에게 유익하지 않음이 없다.

▣ 而已(종결어기사): ~뿐(따름)이다.

→ 此不過妄人而已: 이는 망녕된 사람에 지나지 않을 뿐이다.

▣ 哉 ┌(의문어기사): ~인가, 느냐? 何與哉: 무슨 상관이 있겠는가.
　　└(반어어기사): ~인가, 느냐? 何足計較虛實哉: 어찌 거짓과 진실을 따질 것이 있겠는가.

▣ 夫(발어사): 무릇, 대저 → 夫如是: 무릇 이와 같다.

▣ 者(접미사): 시간표시 → 昔者: 옛날에

凡侍先生長者에 當質問義理難曉處하여 以明其學하고 侍鄕黨長老에 當小心恭謹하여 不放言語하여 有問則敬對以實하고 與朋友處에 當以道義講磨하여 只談文字義理而已요 世俗鄙俚之說과 及時政得失, 守令賢否, 他人過惡은 一切不可掛

侍: 모실 시　黨: 무리 당　放: 함부로할 방　磨: 갈 마　鄙: 더러울 비　俚: 속될 리
掛: 걸 괘

口하고 **與鄕人處**에 **雖隨問應答**이나 **而終不可發鄙褻之言**하며 **雖莊栗自持**나 **而切不可存矜高之色**이요 **惟當以善言誘掖**하여 **必欲引而向學**하고 **與幼者處**엔 **當諄諄言孝悌忠信**하여 **使發善心**이니 **若此不已**면 **則鄕俗**을 **漸可變也**리라

무릇 선생과 어른을 모실 적에는 마땅히 의리義理의 깨닫기 어려운 곳을 질문하여 그 학문을 밝혀야 하고, 향당鄕黨의 장로長老를 모실 적에는 마땅히 조심하여 공손하고 삼가서 말을 함부로 하지 아니하여, 묻는 것이 있으면 공경히 사실대로 대답하여야 하고, 붕우朋友와 같이 거처할 적에는 마땅히 도의를 강마講磨하여, 다만 문자와 의리를 말할 뿐이요, 세속의 비루한 말과 시정時政의 잘잘못과 수령守令의 어질고 어질지 못함이나 타인의 허물과 악행을 일체 입에 담지 말아야 하고, 향인鄕人과 함께 거처할 적에는 비록 물음에 따라 응답하더라도 끝내 비루하고 상스러운 말을 내지 말아야 하며, 비록 점잖게 스스로 몸가짐을 갖더라도 절대로 자랑하고 높은 체하는 기색을 두지 말고, 오직 마땅히 좋은 말로써 타이르고 이끌어 반드시 인도하여 학문을 향하게 하고자 하며, 어린 아이와 함께 거처할 적에는 마땅히 간곡하게 효제충신孝悌忠信의 도리를 말해 주어 착한 마음을 일으키게 해야 할 것이니, 이와 같이 하여 마지않는다면 지방의 풍속을 점점 변화하게 할 수 있을 것이다.

어법

▣ 使~ : ~하게 하다.(시키다)(사역형)

→ 與幼者處 當諄諄言孝悌忠信 使發善心 : 어린이와 함께 거처할 적에는 마땅히 간곡하게 효제충신의 도리를 말하여 착한 마음을 일으키게 해야 할 것이다.

▣ 以(접속사) : ~하여

褻 : 더러울 **설**　莊 : 씩씩할 **장**　栗 : 씩씩할 률, 두려울 **률**　矜 : 자랑할 **긍**　誘 : 달랠 **유**
掖 : 부축할 **액**　引 : 끌 **인**　諄 : 간곡할 **순**　悌 : 공경할 **제**

→ 當質問義理難曉處 以明其學 : 마땅히 의리의 깨닫기 어려운 곳을 질문하여 그 학문을 밝히다.

▣ 與(전치사) : ~와 더불어

→ 與鄕人處 : 향인과 함께 거처하다.

▣ 及(접속사) : ~와(과)

→ 世俗鄙俚之說 及時政得失 : 세속의 비루한 말과 시정의 잘잘못.

常以溫恭慈愛, 惠人濟物爲心이니 若其侵人害物之事는 則一毫不可留於心曲이니라 凡人이 欲利於己인댄 必至侵害人物이라 故로 學者先絶利心然後에 可以學仁矣리라

항상 온순하고 공손하고 자애로우며 남에게 은혜를 베풀고 남을 구제하는 것으로 마음을 삼아야 하니, 남을 침노하고 남을 해치는 일로 말하면 털끝만큼이라도 마음속에 두지 말아야 한다. 무릇 사람들이 자기에게 이롭게 하고자 하면 반드시 남을 침해하는 데 이른다. 이 때문에 배우는 자는 먼저 〈자기에게〉 이롭게 하려는 마음을 끊어버린 뒤에야 인仁을 배울 수 있을 것이다.

어법

▣ 以A爲B : A로써 B를 삼다.

→ 常以溫恭慈愛 惠人濟物爲心 : 항상 온순하고 공손하고 자애로우며 남에게 은혜를 베풀고 남을 구제하는 것으로 마음을 삼다.

▣ 於(전치사) : ~에(서)(장소, 대상)

→ 不可留於心曲 : 마음속에 두지 말아야 한다.

→ 欲利於己 : 자기에게 이롭고자 한다.

▣ 故(접속사) : ~고로, 그런 까닭에

▣ 可以(조동사) : ~할 수 있다.(가능)

→ 可以學仁矣 : 인을 배울 수 있다.

慈 : 사랑할 **자**　濟 : 구제할 **제**　侵 : 침노할 **침**

居鄕之士는 **非公事禮見及不得已之故**면 **則不可出入官府**니 **邑宰雖至親**이라도 **亦不可數數**(삭삭) **往見**이어든 **況非親舊乎**아 **若非義干請**은 **則當一切勿爲也**니라

지방에 거주하는 선비는 공적公的인 일이나 예의석상禮儀席上에서 만나보는 것, 및 부득이한 일이 아니면 관청에 드나들지 말 것이니, 고을 원이 비록 지극히 친한 사이라 하더라도 또한 자주 찾아가 보지 말아야 하거든 하물며 친구가 아님에랴. 의롭지 못한 청탁 같은 것은 마땅히 일체 하지 말아야 한다.

어법

▣ 不可~ : ~하지 말라.(금지형)

→ 居鄕之士 非公事禮見及不得已之故 則不可出入官府 : 지방에 거주하는 선비는 공적인 일이나 예의석상에서 만나보는 것, 및 부득이한 일이 아니면 관청에 드나들지 말 것이다.

▣ 況(접속사) : 하물며(게다가)~. '乎(어기사)'와 호응하여 '況~乎'의 구조를 이루며, '하물며 ~에랴'의 뜻을 지닌다.

→ 況非親舊乎 : 하물며 친구가 아님에랴.

府 : 마을 **부**　邑 : 고을 **읍**　宰 : 우두머리 **재**　干 : 구할 **간**　數 : 자주 **삭**; 두어 **수**

處世章 第十

古之學者 未嘗求仕로되 學成則爲上者 擧而用之하니 蓋仕者는 爲人이요 非爲己也라 今世則不然하여 以科擧取人하여 雖有通天之學, 絶人之行이라도 非科擧면 無由進於行道之位라 故로 父敎其子하고 兄勉其弟하여 科擧之外엔 更無他術하니 士習之偸 職此之由라 第今爲士者 多爲父母之望, 門戶之計하여 不免做科業이나 亦當利其器, 俟其時하여 得失을 付之天命이요 不可貪躁熱中하여 以喪其志也니라

옛날의 학자들은 일찍이 벼슬을 구하지 않았으되 학문이 이루어지면 윗사람이 된 자가 천거해서 등용하였으니, 벼슬하는 것은 남을 위하는 것이요, 자신을 위하는 것이 아니다. 지금 세상은 그렇지 아니하여, 과거科擧로써 사람을 뽑아, 비록 하늘의 이치를 통달한 학문과 남보다 뛰어난 행실이 있더라도 과거가 아니면 도를 행할 지위에 나아갈 길이 없다. 그러므로 아버지는 아들을 가르치고 형은 그 아우를 권면勸勉하여, 과거 이외에는 다시 다른 방법이 없으니, 선비들의 습관이 나빠지는 것은 오로지 이에 연유한다. 다만 이제 선비가 된 자들은 대부분 부모의 희망과 가문家門의 계책을 위하여 과거공부를 함을 면할 수 없

嘗:일찍 **상** 擧:들 **거** 科:과정 **과** 更:다시 **갱** 偸:경박할 **투** 職:오로지 **직** 第:다만 **제**
做:지을 **주** 利:날카로울 **리** 俟:기다릴 **사** 付:맡길 **부** 躁:조급할 **조** 喪:잃을 **상**

으나, 또한 마땅히 그 기구器具(실력)를 갈고 닦으며 그 때를 기다려, 성공과 실패를 천명天命에 맡길 것이요, 벼슬을 탐하고 조급해하고 마음에 열을 내어 그 뜻을 손상시키지 말아야 할 것이다.

어법

▣ ~則~ : ~하면 ~하다.(가정형)

→ 學成則爲上者擧而用之 : 학문이 이루어지면 윗사람이 된 자가 천거해서 등용하다.

▣ 之의 쓰임

① 之(관형격어기사) : ~의, ~하는 古之學者 : 옛날의 학자.

② 之(주격어기사) : ~이, 가, 는 士習之偸 : 선비들의 습관이 나빠지다.

③ 之(대명사) : 이것, 그것 得失 付之天命 : 성공과 실패, 그것(이것)을 천명에 맡기다.

▣ 以의 쓰임

① 以(전치사) : ~으로써(기구) 以科擧取人 : 과거로써 사람을 뽑다.

② 以(접속사) : ~하여 貪躁熱中 以喪其志也 : 벼슬을 탐하고 조급해하며 마음에 열을 내어서 그 뜻을 손상시키다.

▣ 於(전치사) : ~에(로)(방향) 進於行道之位 : 도를 행할 위치에 나아가다.

人言科業爲累하여 不能學問이라하니 此亦推託之言이요 非出於誠心也라 古人養親에 有躬耕者하며 有行傭者하며 有負米者하니 夫躬耕, 行傭, 負米之時에 勤苦甚矣니 何暇讀書乎아 惟其爲親任勞하여 既修子職하고 而餘力學文이로되 亦可進德이어든

累 : 여러 루 ; 얽매다 推 : 밀 추 託 : 핑계댈 탁 躬 : 몸소 궁 傭 : 품팔이 용 負 : 질 부
暇 : 겨를 가 爲 : 위할 위 進 : 나아갈 진

今日之爲士者는 不見爲親任勞를 如古人者하고 只是科業一事 是親情之所欲이라하여 今旣不免做功하니 則科業이 雖與理學不同이나 亦是坐而讀書作文이라 其便於躬耕, 行傭, 負米가 不翅百倍라 況有餘力하여 可讀性理之書哉아 只是做科業者는 例爲得失所動하여 心常躁競하여 反不若勞力之不害心術이라 故로 先賢曰 不患妨功이요 惟患奪志라하니 若能爲其事而不喪其守면 則科業理學이 可以竝行不悖矣리라 今人은 名爲做擧業而實不著功하고 名爲做理學而實不下手하여 若責以科業이면 則曰 我志於理學하여 不能屑屑於此라하고 若責以理學이면 則曰 我爲科業所累하여 不能用功於實地라하여 如是兩占便宜하여 悠悠度日이라가 卒至於科業理學이 兩無所成하니 老大之後에 雖悔인들 何追리오 嗚呼라 可不戒哉아

사람들이 말하기를 "과거공부에 매여서 학문을 할 수 없다."고 하니 이 또한 핑계 대는 말이요 성심誠心에서 나온 것이 아니다. 옛날 사람은 부모를 봉양함에 몸소 밭을 간 자도 있었으며, 다니며 품팔이한 자도 있었으며, 쌀을 져온 자도 있었으니, 몸소 밭 갈고, 다니며 품팔이하고, 쌀을 져올 때에 근고勤苦가 심하였으니,

---

便:편할 편　翅:뿐 시　躁:성급할 조　競:다툴 경　妨:해로울 방　悖:어그러질 패
屑:깨끗할 설　占:차지할 점　悠:오랠 유;한가하다　度:지낼 도　追:좇을 추　嗚:슬플 오

어느 겨를에 글을 읽었겠는가. 오직 그 부모를 위해 수고로움을 맡아 이미 자식의 직분職分을 닦고 남은 여가에 글을 배웠는데도, 또한 덕에 나아갈 수가 있었거든, 오늘에 선비 된 자들은 어버이를 위하여 수고로움을 맡기를 옛날 사람과 같이 하는 자를 보지 못하겠고, 다만 이 과거 공부 한 가지 일이 곧 어버이의 마음이 바라는 것이라 하여 이제 이미 과거 공부함을 면하지 못하니, 그렇다면 과거 공부가 비록 이학理學(性理學)과는 같지 않으나 역시 앉아서 책을 읽고 글을 짓는 것이어서 그 몸소 밭 갈고, 다니며 품팔이하고, 쌀을 져오는 것보다 편함이 백배만 될 뿐이 아니다. 하물며 남은 여가에 성리性理에 관한 책을 읽을 수 있음에랴.

다만 과거공부를 하는 자들은 으레 과거에 성공하느냐 실패하느냐에 동요되어 마음이 항상 조급하고 다투어, 도리어 힘(육체)을 수고롭게 함이 마음을 해치지 않는 것만 못하다. 그러므로 선현先賢의 말씀에 "〈과거공부가〉 공부에 방해되는 것이 걱정이 아니요, 오로지 뜻을 빼앗길까 걱정이 된다." 하였으니, 만약 능히 과거공부하는 일을 하면서도 그 지킴을 잃지 않는다면, 과거공부와 이학 공부가 병행되어 어긋남이 없을 것이다.

지금 사람들은 명색은 과거공부를 한다 하나 실제는 공부를 하지 않고, 명색은 이학공부를 한다 하나 실제는 착수하지 아니하여, 만약 과거공부로써 책하면 말하기를 "나는 이학에 뜻을 두고 있어서 이에 급급할 수가 없다."고 하며, 만약 이학공부로써 책하면 말하기를 "나는 과거공부에 매여서 실지에 힘을 쓸 수 없다."고 한다. 그리하여 이와 같이 양쪽으로 편리한 것을 차지하여 하는 일 없이 하루하루 세월만 보내다가 마침내는 과거공부와 이학공부 두 가지 다 이루는 바가 없음에 이르니, 늙은 뒤에 비록 뉘우친들 어찌 미칠 수 있겠는가. 아아! 경계하지 않겠는가.

어법

▣ 〔爲A所B〕: A에게 B하는 바가 되다.(피동형)

→ 我爲科業所累: 나는 과거공부에 매인 바가 되다.

▣ 〔何~乎〕: 어찌 ~하겠는가?(반어형)

→ 何暇讀書乎: 어느 겨를에 글을 읽겠는가?

▣ 嗚呼 : 아아(감탄형). 감탄사 '嗚'와 '呼'가 같이 쓰여 '감탄형'을 이루고 있다.

→ 嗚呼 可不戒哉 : 아아! 경계하지 않겠는가?

▣ 於의 쓰임

① 於(전치사) : ~에서(출발, 시각)

→ 出於誠心也 : 성심에서 나오다.

② 於(전치사) : ~에(대상)

→ 我志於理學 : 나는 이학에 뜻을 두고 있다.

③ 於(전치사) : ~에(까지)(도착)

→ 卒至於科業理學 : 마침내는 과거공부와 이학공부에 모두 이루는 바가 없음에 이른다.

④ 於(전치사) : ~보다(비교)

→ 其便於躬耕 : 그 몸소 밭가는 것보다 편함이……

▣ 夫(발어사) : 무릇, 대저

→ 夫躬耕 行傭 負米之時 : 몸소 밭을 갈고 다니며 품팔이를 하고 쌀을 져올 때

▣ 爲(전치사) : ~을 위하여

→ 惟其爲親任勞 : 오직 그 부모를 위해 수고로움을 맡다.

人於未仕時엔 **惟仕是急**하고 **旣仕後**엔 **又恐失之**하나니 **如是汨沒**하여 **喪其本心者 多矣**라 **豈不可懼哉**아 **位高者**는 **主於行道**하니 **道不可行**이면 **則可以退矣**요 **若家貧**하여 **未免祿仕**면 **則須辭內就外**하고 **辭尊居卑**하여 **以免飢寒而已**라 **雖曰祿仕**나 **亦當廉勤奉公**하여 **盡其職務**요 **不可曠官而餔啜也**니라

사람들이 벼슬하지 않을 때에는 오직 벼슬하는 것을 급히 여기고, 이미 벼슬에 오른 뒤에는 또 벼슬을 잃을까 걱정하니, 이와 같이 골몰하여 그 본심을 잃

汨 : 빠질 **골**　沒 : 빠질 **몰**　懼 : 두려울 **구**　祿 : 녹 **록**　辭 : 사양할 **사**　卑 : 낮을 **비**
廉 : 청렴할 **렴**　曠 : 빌 **광**　餔 : 먹을 **포**　啜 : 마실 **철**

는 자가 많다. 어찌 두렵지 않겠는가. 지위가 높은 자는 도道를 행함을 주장하니, 도가 행해질 수 없으면 물러나야 할 것이요, 만일 집이 가난하여 녹봉을 받기 위한 벼슬을 면치 못한다면, 모름지기 내직內職을 사양하고 외직外職으로 나가며, 높은 자리를 사양하고 낮은 자리에 처하여 굶주림과 추위를 면할 뿐이다. 비록 녹봉을 받기 위한 벼슬이라고 하나 또한 마땅히 청렴하고 부지런히 공무公務를 받들어 행하여 그 직무를 다해야 할 것이요, 관직을 버려두고 음식(녹봉)만을 먹으려고 해서는 안 된다.

어법

▣ 〔豈~哉〕: 어찌 ~하겠는가?(반어형)

→ 豈不可懼哉: 어찌 두렵지 않겠는가?

▣ 於(전치사): ~을(를)(대상, 목적)

→ 主於行道: 도를 행함을 주장하다.

▣ 以(접속사): ~하여

→ 辭尊居卑 以免飢寒而已: 높은 자리를 사양하고 낮은 자리에 처하여 굶주림과 추위를 면할 뿐이다.

▣ 而已(종결 어기사): ~뿐(따름)이다.

→ 以免飢寒而已: 굶주림과 추위를 면할 따름이다.

전통문화연구회 도서목록

新編 基礎漢文教材·漢文讀解捷徑

書名	譯者	價格
新編 四字小學·推句	고전교육연구실 編譯	11,000원
新編 啓蒙篇·童蒙先習	고전교육연구실 編譯	11,000원
新編 明心寶鑑	李祉坤·元周用 譯註	15,000원
新編 擊蒙要訣	咸賢贊 譯註	12,000원
新編 註解千字文	李忠九 譯註	12,000원
新編 原文으로 읽는 故事成語	元周用 編譯	15,000원
新編 唐音註解選	權卿相 譯註	22,000원
(개정판) 漢文독해기본패턴	고전교육연구실 著	20,000원
논어독해 첫걸음	고전교육연구실 著	17,000원
맹자독해 첫걸음		근간
한문독해첩경 文學篇	朴相水·李和春 외 著	17,000원
한문독해첩경 史學篇	朴相水·李和春 외 著	17,000원
한문독해첩경 哲學篇	朴相水·李和春 외 著	17,000원

五書五經讀本

書名	譯者	價格
論語集註 上·下	鄭太鉉 譯註	合 49,000원
孟子集註 上·下	田炳秀 外 譯註	合 60,000원
大學·中庸集註	李光虎 外 譯註	15,000원
小學集註 上·下	李忠九 外 譯註	合 50,000원
詩經集傳 上·中·下	朴小東 譯註	合 90,000원
書經集傳 上·中·下	金東柱 譯註	合 90,000원
周易傳義 元·亨·利·貞	崔英辰 外 譯註	合 120,000원
詳說 古文眞寶大全後集 上·下	李相夏 外 譯註	合 64,000원
春秋左氏傳 上·中·下	許鎬九 外 譯註	合 109,000원
禮記 上·中·下	成百曉 外 譯註	合 90,000원

東洋古典國譯叢書

書名	譯者	價格
大學·中庸集註 -개정증보판	成百曉 譯註	12,000원
論語集註 -개정증보판	成百曉 譯註	30,000원
孟子集註 -개정증보판	成百曉 譯註	30,000원
詩經集傳 上·下	成百曉 譯註	合 70,000원
書經集傳 上·下	成百曉 譯註	合 66,000원
周易傳義 上·下	成百曉 譯註	合 80,000원
小學集註	成百曉 譯註	30,000원
古文眞寶 後集	成百曉 譯註	32,000원

東洋古典譯註叢書

〈經部〉

書名	譯者	價格
十三經注疏		
周易正義 1~4	成百曉 外 譯註	合 147,000원
尙書正義 1~7	金東柱 譯註	合 241,000원
毛詩正義 1~8〔全15〕	朴小東 外 譯註	合 288,000원
禮記正義 1~3, 中庸·大學	李光虎 外 譯註	合 117,000원
論語注疏 1~3	鄭太鉉 外 譯註	合 117,000원
孟子注疏 1~4〔全5〕	崔彩基 外 譯註	合 124,000원
孝經注疏	鄭太鉉 外 譯註	35,000원
周禮注疏 1~4〔全15〕	金容天 外 譯註	合 129,000원
春秋左傳正義 1~2〔全18〕	許鎬九 外 譯註	合 59,000원
春秋公羊傳注疏 1〔全7〕	宋基采 外 譯註	合 37,000원
春秋左氏傳 1~8	鄭太鉉 譯註	合 255,000원
禮記集說大全 1~6〔全10〕	辛承云 外 譯註	合 206,000원
東萊博議 1~5	鄭太鉉 外 譯註	合 172,000원
韓詩外傳 1~2	許敬震 外 譯註	合 65,000원
說文解字注 1~5〔全20〕	李忠九 外 譯註	合 172,000원

〈史部〉

書名	譯者	價格
思政殿訓義 資治通鑑綱目 1~23〔全39〕	辛承云 外 譯註	合 710,000원
通鑑節要 1~9	成百曉 譯註	合 316,000원
唐陸宣公奏議 1~2	沈慶昊 外 譯註	合 88,000원
貞觀政要集論 1~4	李忠九 外 譯註	合 109,000원
列女傳補注 1~2	崔秉準 外 譯註	合 68,000원
歷代君鑑 1~4	洪起殷 外 譯註	合 140,000원

〈子部〉

書名	譯者	價格
孔子家語 1~2	許敬震 外 譯註	合 79,000원
管子 1~4〔全5〕	李錫明 外 譯註	合 130,000원
近思錄集解 1~3	成百曉 譯註	合 106,000원
老子道德經注	金是天 譯註	30,000원
大學衍義 1~5〔全7〕	辛承云 外 譯註	合 148,000원
墨子間詁 1~7	李相夏 外 譯註	合 267,000원
說苑 1~2	許鎬九 譯註	合 50,000원
世說新語補 1~5	金鎭玉 外 譯註	合 181,000원
荀子集解 1~7	宋基采 譯註	合 238,000원
心經附註	成百曉 譯註	38,000원
顔氏家訓 1~2	鄭在書 外 譯註	合 59,000원
揚子法言 1〔全2〕	朴勝珠 譯註	24,000원
列子鬳齋口義	崔秉準·孔勤植·權憲俊 共譯	40,000원
二程全書 1~7〔全8〕	崔錫起·外 譯註	合 251,000원
莊子 1~4	安炳周·田好根 共譯	合 143,000원
政經·牧民心鑑	洪起殷·全百燦 譯註	27,000원
韓非子集解 1~5	許鎬九 外 譯註	合 202,000원
武經七書直解		
孫武子直解·吳子直解	成百曉 外 譯註	45,000원
六韜直解·三略直解	成百曉 外 譯註	26,000원
尉繚子直解·李衛公問對直解	成百曉 外 譯註	26,000원
司馬法直解	成百曉 外 譯註	26,000원

〈集部〉

書名	譯者	價格
古文眞寶 前集	成百曉 譯註	30,000원
唐詩三百首 1~3	宋載卲 外 譯註	合 127,000원
唐宋八大家文抄 韓愈 1~3	鄭太鉉 譯註	合 78,000원
〃 柳宗元 1~2	宋基采 譯註	合 44,000원
〃 歐陽脩 1~7	李相夏 譯註	合 220,000원
〃 王安石 1~2	申用浩·許鎬九 共譯	合 45,000원
〃 曾鞏	宋基采 譯註	25,000원
〃 蘇洵	李章佑 外 譯註	25,000원
〃 蘇軾 1~5	成百曉 譯註	合 110,000원
〃 蘇轍 1~3	金東柱 譯註	合 64,000원
明淸八大家文鈔 1 歸有光·方苞	李相夏 外 譯註	35,000원
〃 2 劉大櫆·姚鼐	李相夏 外 譯註	35,000원
〃 3 梅曾亮·曾國藩	李相夏 外 譯註	38,000원
〃 4 張裕釗·吳汝綸	李相夏 外 譯註	50,000원

東洋古典新譯

書名	譯者	價格
당시선	송재소·최경렬·김영죽 편역	24,000원
손자병법	성백효 역주	14,000원
장자	안병주·전호근·김형석 역주	13,000원
고문진보 후집	신용호 번역	28,000원
노자도덕경	김시천 역주	15,000원
고문진보 전집 上·下	신용호 번역	各 22,000원
신식 비문척독	박상수 번역	25,000원
쉽게 배우는 안씨가훈	김창진 편역	23,000원

동양문화총서

書名	著者	價格
동양사상 해설과 원전	정규훈 外 저	22,000원
화합의 길 《중용》 읽기	금장태 저	20,000원
호설과 시장	신용호 저	20,000원
어느 노학자의 젊은 시절 -《고문진보》 選譯	심재기 저	22,000원

문화문고

書名	著者	價格
경전으로 본 세계종교 그리스도교	이정배 편저	10,000원
〃 도교	이강수 편역	13,000원
〃 천도교	윤석산 외 편저	10,000원
〃 힌두교	길희성 편역	10,000원
〃 유교	이기동 편저	10,000원
〃 불교	김용표 편저	22,000원
〃 이슬람	김영경 편역	13,000원
논어·대학·중용	조수익·박승주 공역	13,000원
맹자	조수익·박승주 공역	10,000원
소학	박승주·조수익 공역	10,000원
십구사략 1~2	정광호 저	合 24,000원
무경칠서 손자병법·오자병법	성백효 역	13,000원
〃 육도·삼략	성백효 역	10,000원
〃 사마법·울료자·이위공문대	성백효 역	10,000원
당시선	송재소·최경렬·김영죽 편역	10,000원
한문문법	이상진 저	20,000원
한자한문전통교재	조수익·이성민 공역	13,000원
士小節 선비 집안의 작은 예절	이동희 편역	13,000원
儒學이란 무엇인가	이동희 저	18,000원
동아시아의 유교와 전통문화	이동희 저	13,000원
현대인, 동양고전에서 길을 찾다	이동희 저	10,000원
100자에 담긴 한자문화 이야기	김경수 저	12,000원
우리 설화 1~2	김동주 편역	合 20,000원
대한민국 국무총리	이재원 저	10,000원
백운거사 이규보의 문학인생	신용호 저	14,000원

基礎漢文教材 4

懸吐完譯 童蒙先習・擊蒙要訣　　정가 15,000원

1992년 07월 25일 초판 발행
2024년 11월 30일 초판 29쇄

譯 註 成百曉
編 輯 東洋古典飜譯編輯委員會

發行人 金 炫

發行處 社團法人 傳統文化研究會

서울 종로구 삼봉로 81 두산위브파빌리온 1332호
전화 : (02)762-8401 전송 : (02)747-0083
전자우편 : juntong@juntong.or.kr
홈페이지 : juntong.or.kr
사이버書堂 : cyberseodang.or.kr

등록 : 1989. 7. 3. 제1-936호
총판 : 한국출판협동조합(070-7119-1750)

ISBN 978-89-85395-06-9 04710
978-89-85395-49-6(세트)

目次

童蒙先習 讀本

擊蒙要訣 讀本

◎口訣表

○表는 獨立으로 쓰이는 것

音: ㄗ(隱)은 乙(乙)을 厂(厓)애 刀(刀)도

丅(面)면 尸(屎)히 矛(牙)아 㐌也야 尒旀며

ロ古고 ヒ尼니 ㅅ罒羅라 寸時시

タ多다 小소 尹(那)나 弋代대 乎乎호

户戻려 又(奴)로 ㅅ於어 日里리 士舍사

西서 馬마 言언 厶(矣)의 广底저

訓: ソ爲하 丶(是)이 飞飛나 木笨等드

月달 力加더

복합형: 丶ㄗ인 李든 李신 月乙달 寸乙실

士새 丶ㄗ잇 昰란 是게 ㄗ난 乙에 五ㄗ은

例 拖 拖하더니

하고 하소서 으로
하니 이니 로다
하니라 이나 로대
하야 이라 로이다
하야는 이라도 로소이다
하야난 이어니 난
하나니 이어날 리오
하라 이어든 언정
하리니 이러니 언마는
하시니 이러이다 게이다
하며 잇가 이실새
하시면 이릿고 하실새
하신대 이아 하사
하신대 호대 인저
할새 호니 인대
하노라 호리라 이니이다
하노니 호이다

童蒙先習讀本

童蒙先習

天地之間萬物之衆厓唯人伊最貴爲尼
所貴乎人者隱以其有五倫也羅是故
奴孟子伊曰父子有親爲旀君臣有義爲旀
夫婦有別爲旀長幼有序爲旀朋友有信是羅
爲尼時人而不知有五常則其違禽獸伊
不遠矣里羅然則父慈子孝爲旀君義臣忠

爲旀夫和婦順爲旀兄友弟恭爲旀朋友伊輔
仁然後厓沙方可謂之人矣里羅

父子有親

父子隱天性之親是羅生而育之爲古愛而
敎之爲旀奉而承之爲古孝而養之爲尼飛是
故奴敎之以義方爲也弗納於邪爲旀柔聲
以諫爲也不使得罪於鄉黨州閭爲尼飛苟

或父而不子其子爲旀子而不父其父爲面
其何以立於世乎里五雖然是邪天下厓無
不是底父母羅父雖不慈邪子不可以
不孝尼昔者厓大舜伊父頑母嚚爲也嘗
欲殺舜是乙於舜伊克諧以孝爲舍烝烝乂
爲也不格姦爲尼時孝子之道伊於斯厓至
矣奴多孔子伊曰五刑之屬伊三千是代奴

而罪伊莫大於不孝羅爲時尼羅

君臣有義

君臣隱天地之分是羅尊且貴焉爲旀卑且賤焉爲尼尊貴之使卑賤果卑賤之事尊貴隱天地之常經是旀古今之通義羅是故奴君者隱體元而發號施令者也五臣者隱調元而陳善閉邪者也羅會遇

之際厓各盡其道爲也同寅協恭爲也以臻
至治爲尼飛苟或君而不能盡君道爲旀臣
而不能修臣職是面不可與共治天下國
家也尼羅雖然是那吾君不能乙謂之賊是尼
昔者厓商紂伊暴虐是乙於比干伊諫而
死爲尼忠臣之節伊於斯厓盡矣奴多孔子
伊曰臣事君以忠是羅爲時尼羅

夫婦有別

夫婦隱二姓之合是羅生民之始於萬福之原是尼行媒議婚爲於納幣親迎者隱厚其別也羅是故奴娶妻乎代不娶同姓爲於爲宮室乎代辨內外爲也男子隱居外而不言內爲古婦人隱居內而不言外爲尼飛苟能莊以涖之爲也以體乾健之道爲古柔以

正之爲也以承坤順之義則家道伊正矣
於臥尼反是而夫不能專制爲也御之不以
其道爲古婦乘其夫爲也事之不以其義爲也
昧三從之道爲古有七去之惡則家道伊
索矣里羅須是夫敬其身爲也以帥其婦爲古
婦敬其身爲也以承其夫爲也內外和順是羅
沙父母伊其安樂之矣時里羅昔者厓郤

鈌伊耨於乙其妻伊饁之乎代敬爲也相待如賓爲尼夫婦之道伊當如是也尼羅子思伊曰君子之道伊造端乎夫婦羅爲時尼羅

長幼有序

長幼隱天倫之序羅兄之所以爲兄果弟之所以爲弟伊長幼之道伊所自出也羅盖宗族鄕黨厓皆有長幼爲尼不可

衰也羅 徐行後長者乙 謂之弟五 疾行
先長者乙 謂之不弟尼 是故奴 年長以
倍則父事之爲古 十年以長則兄事之爲古
五年以長則肩隨之尼 長慈幼爲旀 幼敬
長然後於沙伊 無侮少陵長之弊而人道
伊 正矣里羅 而況兄弟隱 同氣之人是羅 骨
肉至親伊尼 尤當友愛五 不可藏怒宿怨

爲也以敗天常也尼羅昔者厓司馬光伊與其兄伯康乙奴友愛尤篤爲也敬之如嚴父爲古保之如嬰兒爲尼兄弟之道伊當如是也尼羅孟子伊曰孩提之童伊無不知愛其親是旀及其長也爲隱也無不知敬其兄也羅爲時尼羅

朋友有信

朋友隱 同類之人是羅 益者伊 三友五 損
者伊 三友尼 友直爲旀 友諒爲旀 友多聞是面
益矣五 友便辟爲旀 友善柔爲旀 友便佞是面
損矣里羅 友也者隱 友其德也羅 自天子
奴 至於庶人屎 未有不須友以成者爲尼
其分伊 若疎而其所關伊 爲至親爲尼 是
故奴 取友乙 必端人爲旀 擇友乙 必勝已

尼要當責善以信爲旀切切偲偲爲也忠告而善道之爲多可不可則止尼羅苟或交遊之際厓不以切磋琢磨奴爲相與爲古但以歡狎戲謔乙奴爲相親則安能久而不踈乎里五昔者厓晏子伊與人交乎代久而敬之爲尼朋友之道伊當如是也尼羅孔子伊曰不信乎朋友伊面不獲乎上矣里羅信

乎朋友伊有道為尼不順乎親是面不信乎朋友矣羅為時尼羅

總論

此五品者隱天叙之典而人理之所固有者羅人之行伊不外乎五者而唯孝伊為百行之源是羅是以奴孝子之事親也隱鷄初鳴是等於咸盥漱為古適父母之

所爲也下氣怡聲爲也問衣燠寒爲旀問何食

飮爲旀冬温而夏凊爲旀昏定而晨省爲旀出

必告爲旀反必面爲旀不遠遊爲旀遊必有方

爲旀不敢有其身爲旀不敢私其財尼羅父母

伊愛之於時等喜而不忘爲旀惡之於時等懼

而無怨爲旀有過於時等諫而不逆爲古三諫

而不聽是於時等則號泣而隨之爲旀怒而撻

之流血是羅斗不敢疾怨爲旀居則致其敬
爲古養則致其樂爲古病則致其憂爲古喪則
致其哀爲古祭則致其嚴是尼羅若夫人子
之不孝也隱不愛其親是五而愛他人爲旀
不敬其親是五而敬他人爲旀惰其四肢爲也
不顧父母之養爲旀愽奕好飲酒爲也不顧
父母之養爲旀好貨財爲旀私妻子爲也不顧

父母之養爲旀從耳目之好爲也以爲父母

戮爲旀好勇鬪狠爲也以危父母爲飛尼羅噫羅

欲觀其人矣行之善不善印大必先觀其

人之孝不孝尼可不愼哉旀可不懼哉

阿苟能孝於其親則推之於君臣也卧

夫婦也卧長幼也卧朋友也厓何往而

不可哉里五然則孝之於人厓大矣而亦

非高遠難行之事也羅 然是那 自非生知者伊面 必資學問而知之尼 學問之道隱 無他羅 將欲通古今爲旀 達事理爲也 存之於心爲旀 體之於身是尼 可不勉其學問之力哉阿 玆用撫其歷代要義爲也 書之于左爲奴羅

蓋自太極肇判爲也 陰陽始分乙奴 五行伊

相生厓先有理氣羅人物之生伊林林總總爲尼加於是厓聖人伊首出爲舍繼天立極爲尼時天皇氏卧地皇氏卧人皇氏卧有巢氏卧燧人氏卧伊是爲太古尼在書契以前是羅不可考奴多伏羲氏伊始畫八卦爲旀造書契爲也以代結繩之政爲古時神農氏伊作耒耜爲旀制醫藥爲古時黃帝

氏伊用干戈爲旀作舟車爲旀造曆筭爲旀制
音律爲時尼是爲三皇是尼至德之世羅無
爲而治爲尼羅少昊卧顓頊果帝嚳果帝
堯卧帝舜伊是爲五帝羅皐夔稷契伊
佐堯舜而堯舜之治伊卓冠百王是羅孔
子伊定書厓斷自唐虞爲時尼羅夏禹卧商
湯果周文王武王伊是爲三王是尼歷年

伊或四百為旀或六百為旀或八百為尼三代

之隆乙後世莫及而商之伊尹傅說果

周之周公召公伊皆賢臣也羅周公伊

制禮作樂為尼時典章法度伊粲然極備

為尼加及其衰也為也五霸摟諸侯為也以匡

王室為尼若齊桓公果晉文公果宋襄公

果秦穆公果楚莊王伊迭主夏盟為尼王

靈伊不振爲尼羅孔子伊以天縱之聖乙奴

轍環天下爲舍道不得行于世爲也刪詩書

爲時旀定禮樂爲時旀贊周易爲時旀修春秋

爲舍繼往聖開來學爲時古而傳其道者隱

顏子曾子羅事在論語爲尼羅曾子之門

人伊述大學爲尼羅列國則曰魯果曰衛

卧曰晉果曰鄭果曰曹卧曰蔡卧曰燕

果曰吳卧曰齊卧曰宋果曰陳果曰楚
卧曰秦是尼干戈伊日尋爲也戰爭不息爲也
遂爲戰國爲尼秦楚燕齊韓魏趙伊是謂
七雄是羅孔子之孫子思伊生斯時爲舍作
中庸爲古時其門人之弟孟軻伊陳王道
於齊梁爲舍道又不行爲也作孟子七篇而
異端縱橫功利之說伊盛行是羅吾道伊

不傳為尼羅及秦始皇為也呑二周滅六國
為旀廢封建為郡縣為旀焚詩書坑儒生為尼
二世而亡為尼羅漢高祖伊起布衣成帝
業為也歷年四百乎代在明帝時為也西域佛
法伊始通中國為也惑世誣民為尼羅蜀漢
果吳卧魏伊三國伊鼎峙而諸葛亮伊
仗義扶漢為多可病卒軍中為尼羅晉有天

下(厓)歷年百餘(乎代)五胡(伊)亂華(爲尼)宋齊梁陳(厓)南北分裂(是驢尼)隋能混一(乎代)歷年三十(爲尼羅)唐高祖(卧)太宗(伊)乘隋室亂(爲也)化家爲國(爲也)歷年三百(爲尼羅)後梁(果)後唐(果)後晉(果)後漢(果)後周(伊)是爲五季(尼)朝得暮失(爲也)大亂(伊)極矣(羅)宋太祖(伊)立國之初(厓)五星(伊)聚奎(爲也)濂

洛關閩厓諸賢伊輩出爲尼若周敦頤卧
程顥卧程頤卧司馬光果張載卧邵雍
果朱熹伊相繼而起爲也以闡明斯道奴
爲己任乎代身且不得見容而朱子伊集
諸家說爲舍註四書五經爲尼時其有功於
學者伊大矣奴多然而國勢伊不競爲也歷
年三百爲尼契丹果蒙古卧遼卧金伊迭

為侵軼而及其垂亡爲也文天祥伊竭忠
報宋爲可多竟死燕獄爲羅尼胡元伊滅宋
爲古混一區宇爲也綿歷百年爲尼夷狄之盛
伊未有若此者也奴多天厭穢德是羅
大明伊中天爲舍聖繼神承爲尼時於千萬
年是多奴嗚呼羅三綱五常之道伊與天
地奴相終始爲尼三代以前厓隱聖帝明王

果賢相良佐伊相與講明之故奴治日
伊常多爲古亂日伊常少爲尼加三代以後
匡隱庸君暗主臥亂臣賊子伊相與敗壞
之故奴亂日伊常多爲古治日伊常少爲尼
其所以世之治亂安危臥國之興廢存
亡伊皆由於人倫之明不明如何耳羅
可不察哉阿

東方厓初無君長爲加尼有神人伊降于
太白山檀木下於乙國人伊立以爲君爲尼
與堯奴竝立爲也國號乙朝鮮是羅爲尼是爲
檀君是羅周武王伊封箕子于朝鮮爲申大
敎民禮義爲也設八條之敎爲時尼有仁賢
之化爲加羅燕人衛滿伊因盧綰亂爲也亡
命來爲也誘逐箕準爲古據王儉城是驢尼至

孫右渠爲也漢武帝伊討滅之爲古時分其
地爲也置樂浪臨屯玄菟眞蕃四郡爲多昭
帝伊以平那玄菟奴爲平州爲古臨屯樂
浪乙奴爲東府二都督府爲多箕準伊避衛
滿爲也浮海而南爲也居金馬郡爲尼是爲馬
韓伊羅秦亡人伊避入韓是乙於韓伊割東
界爲也以與爲尼是爲辰韓是羅弁韓則立國

於韓地爲尼不知其始祖年代羅是爲三韓是羅新羅始祖赫居世隱都辰韓地爲也以朴乙奴爲姓爲古高句麗始祖朱蒙隱至卒本爲也自稱高辛之後奴羅爲也因姓高爲古百濟始祖溫祚隱都河南慰禮城爲也以扶餘奴爲氏爲也三國伊各保一隅爲也互相侵伐爲尼加其後厓唐高宗伊滅百濟

北京新羅時設行殿於原州謂之北京

高句麗爲古分其地爲也置都督府爲也以劉仁願薛仁貴奴留鎭撫之爲尼百濟隱歷年伊六百七十八年伊五高句麗隱七百五年伊羅新羅之末厓弓裔伊叛于北京爲也國號乙泰封伊羅爲古甄萱伊叛據完山爲也自稱後百濟奴羅爲多新羅伊亡爲尼朴昔金三姓伊相傳爲也歷年伊九百九十二

年伊羅泰封諸将伊立王建為也為王為尼國號乙高麗為羅也剋刻羣凶為古統合三韓為也移都松嶽是時臚尼至于季世為也恭愍伊無嗣為古僞主辛禑伊昏暴自恣而王瑤伊不君為也遂至於亡為尼歷年四百七十五年是羅天命伊歸于真主為尼

大明太祖高皇帝伊賜改國號曰朝鮮

是時於乙定鼎于漢陽爲舍聖子神孫伊繼繼

繩繩爲舍重熙累洽爲舍式至于今爲尼時實

萬世無疆之休舍多叱於戲羅我國伊雖

僻在海隅爲也壤地褊小爲那禮樂法度臥

衣冠文物乙悉遵華制爲也人倫伊明於

上爲古教化伊行於下爲也風俗之美伊侔

擬中華爲尼華人伊稱之曰小中華羅爲尼

玆豈非箕子之遺化耶里五嗟爾小子隱

宜其觀感而興起哉印哉

童蒙先習終

御製童蒙先習序

夫此書隱卽東儒所撰也羅總冠以五
倫爲古復以父子君臣夫婦長幼朋友奴
列之于次爲古而其自太極伊肇判乙奴三
皇五帝夏殷周漢唐宋以至
皇朝屎歷代世系乙纖悉備錄爲古逮夫我
東厓始檀君歷三國爲也至于

我朝屎亦爲俱載爲尼文雖約而錄則博爲古
卷雖小而包則大羅其況堯舜之道隱
孝弟而已羅舜之命契爲舍隱代以五品爲
重爲時尼此文之冠以五倫者伊其意宏
矣奴多噫羅孝於親然後於伊忠於君爲古弟
于兄然後於伊敬于長爲飛尼以此觀之巨隱
大五倫之中厓孝弟爲先是羅雖然伊那詩

贊文王曰於緝熙敬止舍叱多爲尼 敬者隱
成始終徹上下之工夫也羅 故奴 大學
要旨隱 卽敬字也五 中庸要旨隱 卽誠
字也伊尼 誠敬伊 亦於學問厓 車兩輪鳥
兩翼者也羅 今予伊 於此書厓 以誠敬
二字奴 冠于篇首爲奴尼 誠然後於伊也 能
免書自我自伊五 敬然後於伊也 可以欽體

欽遵伊尼學者伊豈可忽乎哉阿予伊又

於卷下 國初開創 受號朝鮮

之文厓 慨然追慕爲也 三復興感也爲羅 奴

噫意羅

繼繼承承爲舍重熙累洽伊寔是

至仁盛德果深恩隆惠伊垂裕後昆之致

時尼繼體之君伊式體 至德爲也兢兢

業業爲也誠心調劑爲也至于蕩蕩爲於誠心愛民爲也永保元元爲面則吾國伊其庶幾也於吾國伊其庶幾也隱底且我東禮義雖因箕聖之教化那三韓以後於伊幾乎泯焉伊尼驢入于

我朝爲也禮樂伊畢擧爲古文物伊咸備爲尼惜乎羅述者之猶遺乎此哉亦嗟爾小子

阿 益加勉旃也夫 隱底

旹玄黓閹茂朝月上浣 矣 命芸館

而廣印 為古 作序文於卷首 為羅 奴

孟子曰讀其書誦其詩不知其人可乎余幼時見人家子弟初學者無不以是書爲先而第不知出於何人之手矣今朴上舍廷儀氏来謂余曰此吾高祖諱世茂之所編也余不覺驚喜曰今日始知其人矣公爲

明廟朝名臣其學問有淵源而門路亦

甚正觀於此編則可知矣其該括約說無非學問中體認一大公案而所序歷代又史家之總目也或疑編内所輯理氣性命等說非童學所能知此則不知作者本意所在也朱子嘗論仁說曰此等名義古人之敎自小學之時已有白直分明訓說得知此

道理不可不着實踐履所以實造其地位也若茫然理會不得則其所以求之者乃其平生所不識之物復何所向望慕愛而知所以用其力耶今之童學略識諸般名義界限終有所歸宿者必於此書而得之其功豈不大哉窃聞今

上殿下每臨筵喜說此書睿學之明其
必有以識此矣公字景蕃咸陽人登
第始為翰林官止監正蘊齋盧相公
守愼以嘗著此書訓其子弟載公墓
碣云
崇禎紀元之商橫閹茂陽月日恩津
宋時烈謹跋

擊蒙要訣讀本

栗谷先生全書卷之二十七

擊蒙要訣

序

人生斯世非學問無以爲人所謂學問者亦非異常別件物事也只是爲父當慈爲子當孝爲臣當忠爲夫婦當別爲兄弟當友爲少者當敬長爲朋友當有信皆於日用動靜之間隨事各得其當而已非馳心玄妙希覬奇效者也但不學之人心地茅塞識見茫昧故必須讀書窮理以明當行之路然後造詣得正而踐履得中矣今人不知學問在於日用而妄意高遠難行故推與別人自安暴棄豈不可哀也哉余定

居海山之陽有一二學徒相從問學余慙無以爲師而且恐初學不知向方且無堅固之志而泛泛請益則彼此無補反貽人譏故略書一冊子粗敍立心飭躬奉親接物之方名曰擊蒙要訣欲使學徒觀此洗心立脚當日下功而余亦久患因循欲以自警省焉

丁丑季冬德水李珥書

立志章第一

初學先須立志必以聖人自期不可有一毫自小退託之念蓋衆人與聖人其本性則一也雖氣質不能無淸濁粹駁之異而苟能眞知實踐去其舊染而復其性初則不增毫末而萬善具足矣衆人豈可不以

聖人自期乎故孟子道性善而必稱堯舜以實之曰
人皆可以爲堯舜豈欺我哉
當常自奮發曰人性本善無古今智愚之殊聖人何
故獨爲聖人我則何故獨爲衆人耶良由志不立知
不明行不篤耳志之立知之明行之篤皆在我耳豈
可他求哉顔淵曰舜何人也予何人也有爲者亦若
是我亦當以顔之希舜爲法
人之容貌不可變醜爲姸膂力不可變弱爲強身體
不可變短爲長此則已定之分不可改也惟有心志
則可以變愚爲智變不肖爲賢此則心之虛靈不拘
於稟受故也莫美於智莫貴於賢何苦而不爲賢智

以虧損天所賦之本性乎人存此志堅固不退則庶幾乎道矣

凡人自謂立志而不卽用功遲回等待者名爲立志而實無向學之誠故也苟使吾志誠在於學則爲仁由己欲之則至何求於人何待於後哉所貴乎立志者卽下工夫猶恐不及念念不退故也如或志不誠篤因循度日則窮年沒世豈有所成就哉

革舊習章第二

人雖有志於學而不能勇往直前以有所成就者舊習有以沮敗之也舊習之目條列如左若非勵志痛絕則終無爲學之地矣

其一惰其心志放其儀形只思暇逸深厭拘束其二
常思動作不能守靜紛紜出入打話度日其三喜同
惡異汨於流俗稍欲修飭恐乖於衆其四好以文辭
取譽於時剽竊經傳以飾浮藻其五工於筆札業於
琴酒優游卒歲自謂淸致其六好聚閑人圍棊局戱
飽食終日只資爭競其七歆羨富貴厭薄貧賤惡衣
惡食深以爲恥其八嗜慾無節不能斷制貨利聲色
其味如蔗習之害心者大槩如斯其餘難以悉擧此
習使人志不堅固行不篤實今日所爲明日難改朝
悔其行暮已復然必須大奮勇猛之志如將一刀快
斷根株淨洗心地無毫髮餘脈而時時每加猛省之

功使此心無一點舊染之汚然後可以論進學之工夫矣

持身章第三

學者必誠心向道不以世俗雜事亂其志然後爲學有基址故夫子曰主忠信朱子釋之曰人不忠信事皆無實爲惡則易爲善則難故必以是爲主焉必以忠信爲主而勇下工夫然後能有所成就黃勉齋所謂眞實心地刻苦工夫兩言盡之矣

常須夙興夜寐衣冠必正容色必肅拱手危坐行步安詳言語愼重一動一靜不可輕忽苟且放過

收斂身心莫切於九容進學益智莫切於九思所謂

九容者足容重、(不輕擧也若趨于尊長之前則不可拘此)手容恭、(手無慢弛無事則當端拱不妄動)目容端、(定其眼睫視瞻當正不可流眄邪睇)口容止(非言語飲食之時則常不動)聲容靜、(當整攝形氣不可出噦咳等雜聲)頭容直、(當正頭直身不可傾回偏倚)氣容肅(當調和鼻息不可使有聲氣)立容德、(中立不倚儼然有德之氣像)色容莊(顔色整齊無怠慢之氣)所謂九思者視思明、(視無所蔽則明無不見)聽思聰(聽無所壅則聽無不聞)色思溫、(容色和舒無忿厲之氣)貌思恭(一身儀形無一不端莊)言思忠、(一言之發無不忠信)事思敬、(一事之作無不敬愼)疑思問(有疑于心必就先覺審問不知不措)忿思難(有忿必懲以理自勝)見得思義(臨財必明義利之辨合義然後取之)常以九容九思存於心而撿其身不可頃刻放捨且書諸座隅時時寓目

非禮勿視非禮勿聽、非禮勿言、非禮勿動四者修身

之要也禮與非禮初學難辨必須窮理而明之但於
已知處力行之則思過半矣
爲學在於日用行事之間若於平居居處恭執事敬
與人忠則是名爲學讀書者欲明此理而已
衣服不可華侈禦寒而已飮食不可甘美救飢而已
居處不可安泰不病而已惟是學問之功心術之正
威儀之則則日勉勉而不可自足也
克己工夫最切於日用所謂己者吾心所好不合天
理之謂也必須撿察吾心好色乎好利乎好名譽乎
好仕宦乎好安逸乎好宴樂乎好珍玩乎凡百所好
若不合理則一切痛斷不留苗脈然後吾心所好始

在於義理而無已可克矣

多言多慮最害心術無事則當靜坐存心接人則當擇言簡重時然後言則言不得不簡言簡者近道

非先王之法服不敢服非先王之法言不敢道非先王之德行不敢行此當終身服膺者也

爲學者一味向道不可爲外物所勝外物之不正者當一切不留於心鄕人會處若設博奕樗蒲等戲則當不寓目逡巡引退若遇倡妓作歌舞則必須避去如値鄕中大會或尊長強留不能避退則雖在座而整容清心不可使奸聲亂色有干於我當宴飮酒不可沈醉浹洽而止可也凡飮食當適中不可快意有

傷乎氣言笑當簡重不可喧譁以過其節動止當安詳不可粗率以失其儀

有事則以理應事讀書則以誠窮理除二者外靜坐收斂此心使寂寂無紛起之念惺惺無昏昧之失可也所謂敬以直內者如此

當正身心表裏如一處幽如顯處獨如衆使此心如靑天白日人得而見之

常以行一不義殺一不辜而得天下不爲底意思存諸胷中

居敬以立其本窮理以明乎善力行以踐其實三者終身事業也

思無邪毋不敬只此二句一生受用不盡當揭諸壁上須臾不可忘也

每日頻自點檢心不存乎學不進乎行不力乎有則改之無則加勉孜孜毋怠斃而後已

讀書章第四

學者常存此心不被事物所勝而必須窮理明善然後當行之道曉然在前可以進步故入道莫先於窮理窮理莫先乎讀書以聖賢用心之迹及善惡之可效可戒者皆在於書故也

凡讀書者必端拱危坐敬對方冊專心致志精思涵泳(涵泳者熟讀深思之謂)深解義趣而每句必求踐履之方若

口讀而心不體身不行則書自書我自我何益之有
先讀小學於事親敬兄忠君弟長隆師親友之道一
一詳玩而力行之
次讀大學及或問於窮理正心修己治人之道一一
眞知而實踐之
次讀論語於求仁爲己涵養本原之功一一精思而
深體之
次讀孟子於明辨義利遏人慾存天理之說一一明
察而擴充之
次讀中庸於性情之德推致之功位育之妙一一玩
索而有得焉

次讀詩經於性情之邪正善惡之褒戒一一潛繹感發而懲創之

次讀禮經於天理之節文儀則之度數一一講究而有立焉

次讀書經於二帝三王治天下之大經大法一一領要而泝本焉

次讀易經於吉凶存亡進退消長之幾一一觀玩而窮研焉

次讀春秋於聖人賞善罰惡抑揚操縱之微辭奧義一一精研而契悟焉

五書五經循環熟讀理會不已使義理日明而宗之

詩至劬勞一本作天下之物莫貴於吾身

先正所著之書如近思錄家禮心經二程全書朱子大全語類及他性理之說宜間間精讀使義理常常浸灌吾心無時間斷而餘力亦讀史書通古今達事變以長識見若異端雜類不正之書則不可頃刻披閱也

凡讀書必熟讀一冊盡曉義趣貫通無疑然後乃改讀他書不可貪多務得忙迫涉獵也

事親章第五

凡人莫不知親之當孝而孝者甚鮮由不深知父母之恩故也詩不云乎父兮生我母兮鞠我欲報之德昊天罔極人子之受生性命血肉皆親所遺喘息呼

此言身乃父母之所遺也今有遺人以財物者則隨其物之多少輕重而感恩之意爲之深淺焉父母遺我以身而擧天下之物無以易此身矣

吸氣脈相通此身非我私物乃父母之遺氣也故曰哀哀父母生我劬勞父母之恩爲如何哉豈敢自有其身以不盡孝於父母乎人能恒存此心則自有向親之誠矣

凡事父母者一事一行毋敢自專必稟命而後行若事之可爲者父母不許則必委曲陳達頷可而後行若終不許則亦不可直遂其情也

每日未明而起盥櫛衣帶就父母寢所下氣怡聲問燠寒安否昏則詣寢所定其褥席察其溫凉日間侍奉常愉色婉容應對恭敬左右就養極盡其誠出入必拜辭拜謁

今人多是被養於父母不能以己力養其父母若此奄過日月則終無忠養之時也必須躬幹家事自備甘旨然後子職乃修若父母堅不聽從則雖不能幹家亦當周旋補助而盡力得甘旨之具以適親口可也若心心念念在於養親則珍味亦必可得矣每念王延隆冬盛寒體無全衣而親極滋味令人感歎流涕也

人家父子間多是愛逾於敬必須痛洗舊習極其尊敬父母所坐臥處子不敢坐臥所接客處子不敢接私客上下馬處子不敢上下馬可也

父母之志若非害於義理則當先意承順毫忽不可

違若其害理者則和氣怡色柔聲以諫反覆開陳必
期於聽從

父母有疾心憂色沮捨置他事只以問醫劑藥爲務
疾止復初

日用之間一毫之頃不忘父母然後乃名爲孝彼持
身不謹出言無章嬉戲度日者皆是忘父母者也

日月如流事親不可久也故爲子者須盡誠竭力如
恐不及可也古人詩曰古人一日養不以三公換所
謂愛日者如此

喪制章第六

喪制當一依朱文公家禮若有疑晦處則質問于先

不可之可一本作必

生長者識禮處必盡其禮可也

復時俗例必呼小字非禮也少者則猶可呼名長者則不可呼名隨生時所稱可也（婦女尤不宜呼名）

母喪父在則父爲喪主凡祝辭皆當用夫告妻之例也

父母初沒妻妾婦及女子皆被髮男子則被髮扱上衽徒跣（小斂後男子則袒括髮婦人則髽）若子爲他人後者及女子已嫁者皆不被髮徒跣（男子則免冠）

尸在牀而未殯男女位于尸傍則其位南上以尸頭所在爲上也既殯之後女子則依前位于堂上南上男子則位于階下其位當北上以殯所在爲上也發

引時男女之位復南上以靈柩所在爲上也隨時變
位而各有禮意
今人多不解禮每弔客致慰專不起動只俯伏而已
此非禮也弔客拜靈座而出則喪者當出自喪次向
弔客再拜而哭可也弔客當答拜
衰絰非疾病服役則不可脫也
家禮父母之喪成服之日始食粥卒哭之日始疏食糲飯也水飲不食羹也不食菜果小祥之後始食菜果羹亦可食
禮文如此非有疾病則當從禮文人或有過禮而啜
粥三年者若是誠孝出人無一毫勉強之意則雖過
禮猶或可也若誠孝未至而勉強踰禮則是自欺而

歎親也切宜戒之
今之識禮之家多於葬後返魂此固正禮但時人效
顰遂廢廬墓之俗返魂之後各還其家與妻子同處
禮坊大壞甚可寒心凡喪親者自度一一從禮無毫
分虧欠則當依禮返魂如或未然則當依舊俗廬墓
可也
親喪成服之前哭泣不絶於口（氣盡則令婢僕代哭）葬前哭無
定時哀至則哭卒哭後則朝夕哭二時而已禮文大
槩如此若孝子情至則哭泣豈有定數哉凡喪與其
哀不足而禮有餘也不若禮不足而哀有餘也喪事
不過盡其哀敬而已

從一本作及

而一本作即

曾子曰人未有自致者也必也親喪乎送死者事親之大節也於此不用其誠惡乎用其誠昔者少連大連善居喪三日不怠三月不懈期悲哀三年憂此是居喪之則也孝誠之至者則不勉而能矣如有不及者則勉而從之可也

人之居喪誠孝不至不能從禮者固不足道矣間有質美而未學者徒知執禮之爲孝而不知傷生之失正過於哀毁羸疾已作而不忍從權以至滅性者或有之深可惜也是故毁瘠傷生君子謂之不孝

凡有服親戚之喪若他處聞訃則設位而哭若奔喪則至家而成服若不奔喪則四日成服若齊衰之服

則未成服前三日中朝夕爲位會哭齊衰降大功者亦同

師友之義重者及親戚之無服而情厚者與凡相知之分密者皆於聞喪之日若道遠不能往臨其喪則設位而哭師則隨其情義深淺或心喪三年或期年或九月或五月或三月友則雖最重不過三月若師喪欲行三年期年者不能奔喪則當朝夕設位而哭四日而止止於四日之朝○若情重者則不止此限

凡遭服者每月朔日設位服其服而會哭師友雖無服亦同月數旣滿則於次月朔日設位服其服會哭而除之其閒哀至則哭可也

凡大功以上喪則未葬前非有故不可出入亦不可

弔人常以治喪講禮爲事

祭禮章第七

祭祀當依家禮必立祠堂以奉先主置祭田具祭器宗子主之

主祠堂者每晨謁于大門之內再拜(雖非主人隨主人同謁無妨)出入必告

或有水火盜賊則先救祠堂遷神主遺書及祭器然後及家財

正(正朝)至(冬至)朔(一日)望(十五日)則參俗節則薦以時食

時祭則散齊四日致齊三日忌祭則散齊二日致齊一日參禮則齊宿一日所謂散齊者不弔喪不問疾

不茹葷飮酒不得至亂凡凶穢之事皆不得預若路中猝遇凶穢則掩目而避不可覩也所謂致齊者不聽樂不出入專心想念所祭之人思其居處思其笑語思其所樂思其所嗜之謂也夫然後當祭之時如見其形如聞其聲誠至而神享也

凡祭主於盡愛敬之誠而已貧則稱家之有無疾則量筋力而行之財力可及者自當如儀

墓祭忌祭世俗輪行非禮也墓祭則雖輪行皆祭于墓上猶之可也忌祭不祭于神主而乃祭于紙榜此甚未安雖不免輪行須具祭饌行于家廟庶乎可矣

喪祭二禮最是人子致誠處也已沒之親不可追養

入而之而一本作以

若非喪盡其禮祭盡其誠則終天之痛無享可寓無時可洩也於人子之情當如何哉曾子曰愼終追遠民德歸厚矣爲人子者所當深念也

今俗多不識禮其行祭之儀家家不同甚可笑也若不一裁之以禮則終不免紊亂無序歸於夷虜之風矣玆鈔祭禮附錄于後且爲之圖須詳審徵行而若父兄不欲則當委曲陳達期於歸正

居家章第八

凡居家當謹守禮法以率妻子及家衆分之以職授之以事而責其成功制財用之節量入而爲出稱家之有無以給上下之衣食及吉凶之費皆有品節而

莫不均一裁省冗費禁止奢華常須稍存贏餘以備
不虞

冠婚之制當依家禮不可苟且從俗

兄弟同受父母遺體與我如一身視之當無彼我之
間飲食衣服有無皆當共之設使兄飢而弟飽弟寒
而兄溫則是一身之中肢體或病或健也身心豈得
偏安乎今人兄弟不相愛者皆緣不愛父母故也若
有愛父母之心則豈可不愛父母之子乎兄弟若有
不善之行則當積誠忠諫漸喻以理期於感悟不可
遽加厲色拂言以失其和也

今之學者外雖矜持而內鮮篤實夫婦之間衽席之

上多縱情慾失其威儀故夫婦不相昵狎而能相敬者甚少如是而欲修身正家不亦難乎必須夫和而制以義妻順而承以正夫婦之閒不失禮敬然後家事可治也若從前相狎而一朝遽欲相敬其勢難行須是與妻相戒必去前習漸入於禮可也妻若見我發言持身一出於正則必漸相信而順從矣

生子自稍有知識時當導之以善若幼而不敎至於旣長則習非放心敎之甚難敎之之序當依小學大抵一家之內禮法興行簡編筆墨之外無他雜技則子弟亦無外馳畔學之患矣兄弟之子猶我子也其愛之其敎之當均一不可有輕重厚薄也

婢僕代我之勞當先恩而後威乃得其心君之於民
主之於僕其理一也君不恤民則民散民散則國亡
主不恤僕則僕散僕散則家敗勢所必至其於婢僕
必須軫念飢寒資給衣食使得其所而有過惡則先
須勤勤敎誨使之改革敎之不改然後乃施楚撻使
其心知厥主之楚撻出於敎誨而非所以憎嫉然後
可使改心革面矣

治家當以禮法辨別內外雖婢僕男女不可混處男
僕非有所使令則不可輒入內女僕皆當使有定夫
不可使淫亂若淫亂不止者則當黜使別居毋令汚
穢家風婢僕當令和睦若有鬪鬨喧噪者則當痛加

禁制

君子憂道不當憂貧但家貧無以資生則雖當思救窮之策亦只可免飢寒而已不可存居積豊足之念且不可以世間鄙事留滯于心胷之間古之隱者有織屨而食者樵漁而活者植杖而耘者此等人富貴不能動其心故能安於此若有較利害計豊約之念則豈不爲心術之害哉學者要須以輕富貴守貧賤爲心

居家貧窶則必爲貧窶所困失其所守者多矣學者正當於此處用功古人曰窮視其所不爲貧視其所不取孔子曰小人窮斯濫矣若動於貧窶而不能行

義則焉用學問爲哉凡辭受取與之際必精思義與非義義則取之不義則不取不可毫髮放過若朋友則有通財之義所遺皆當受但我非乏而遺以米布則不可受也其他相識者則只受其有名之饋而無名則不可受也所謂有名者賻喪贐行助昏禮周飢乏之類是也若是大段惡人心所鄙惡者則其饋雖有名受之心必不安心不安則不可抑而受之也孟子曰無爲其所不爲無欲其所不欲此是行義之法也

中朝則列邑之宰有私俸故推其餘可以周人之急矣我國則守令別無私俸只以公穀應日用之需而

若私與他人則不論多少皆有罪譴甚則至於犯贓受者亦然爲士而受守令之饋則是乃犯禁也古者入國而問禁則居其國者豈可犯禁乎守令之饋大抵難受若私與官庫之穀則不論人之親疎名之有無物之多寡皆不可受也若分厚邑宰以餉中私財周急則或可受也

接人章第九

凡接人當務和敬年長以倍則父事之十年以長則兄事之五年以長亦稍加敬最不可恃學自高尙氣陵人也

擇友必取好學好善方嚴直諒之人與之同處虛受規戒以攻吾闕若其怠惰好嬉柔佞不直者則不可

交也

鄕人之善者則必須親近通情而鄕人之不善者亦不可惡言揚其陋行但待之泛然不相往來若前日相知者則相見只敍寒暄不交他語則自當漸疎亦不至於怨怒矣

同聲相應同氣相求若我志於學問則我必求學問之士學問之士亦必求我矣彼名爲學問而門庭多雜客喧囂度日者必其所樂不在學問故也

凡拜揖之禮不可預定大抵父之執友則當拜洞內年長十五歲以上者當拜爵階堂上而長於我十年以上者當拜鄕人年長二十歲以上者當拜而其間

高下曲折在隨時節中亦不必拘於此例但常以自
卑尊人底意思存諸胷中可也詩曰溫溫恭人惟德
之基
人有毁謗我者則必反而自省若我實有可毁之行
則自責內訟不憚改過若我過甚微而增衍附益則
彼言雖過而我實有受謗之苗脈亦當剗鋤前愆不
留毫末若我本無過而揑造虛言則此不過妄人而
已與妄人何足計較虛實哉且彼之虛謗如風之過
耳雲之過空於我何與哉夫如是則毁謗之來有則
改之無則加勉莫非有益於我也若聞過自辨嘵嘵
然不置必欲置身於無過之地則其過愈深而取謗

益重矣昔者或問止謗之道文中子曰莫如自修請益曰無辨此言可爲學者之法

凡侍先生長者當質問義理難曉處以明其學侍鄉黨長老當小心恭謹不放言語有問則敬對以實與朋友處當以道義講磨只談文字義理而已世俗鄙俚之說及時政得失守令賢否他人過惡一切不可掛口與鄉人處雖隨問應答而終不可發鄙褻之言雖莊栗自持而切不可存矜高之色惟當以善言誘掖必欲引而向學與幼者處當諄諄言孝悌忠信使發善心若此不已則鄉俗漸可變也

常以溫恭慈愛惠人濟物爲心若其侵人害物之事

則一毫不可留於心曲凡人欲利於己必至侵害人物故學者先絕利心然後可以學仁矣

居鄉之士非公事禮見及不得已之故則不可出入官府邑宰雖至親亦不可數數往見況非親舊乎若非義干請則當一切勿爲也

處世章第十

古之學者未嘗求仕學成則爲上者擧而用之蓋仕者爲人非爲己也今世則不然以科擧取人雖有通天之學絕人之行非科擧無由進於行道之位故父教其子兄勉其弟科擧之外更無他術士習之偸職此之由第今爲士者多爲父母之望門戶之計不免

做科業亦當利其器俟其時得失付之天命不可貪躁熱中以喪其志也

人言科業爲累不能學問此亦推託之言非出於誠心也古人養親有躬耕者有行傭者有負米者夫躬耕行傭負米之時勤苦甚矣何暇讀書乎惟其爲親任勞既修子職而餘力學文亦可進德今日之爲士者不見爲親任勞如古人者只是科業一事是親情之所欲今既不免做功則科業雖與理學不同亦是坐而讀書作文其便於躬耕行傭負米不翅百倍況有餘力可讀性理之書哉只是做科業者例爲得失所動心常躁競反不若勞力之不害心術故先賢曰

不患妨功惟患奪志若能爲其事而不喪其守則科業理學可以幷行不悖矣今人名爲做擧業而實不著功名爲做理學而實不下手若責以科業則曰我志於理學不能屑屑於此若責以理學則曰我爲科業所累不能用功於實地如是兩占便宜悠悠度日卒至於科業理學兩無所成老大之後雖悔何追嗚呼可不戒哉

人於未仕時惟仕是急旣仕後又恐失之如是汨沒喪其本心者多矣豈不可懼哉位高者主於行道道不可行則可以退矣若家貧未免祿仕則須辭內就外辭尊居卑以免飢寒而已雖曰祿仕亦當廉勤奉

公盡其職務不可曠官而餔啜也

擊蒙要訣